社會達爾文主義之父

赫伯特·史賓賽

的「教育論」

演化規律、社會平衡、自由主義、兒童權利、科學局限，英國著名哲學家的教育思想

Herbert Spencer

赫伯特·史賓賽——著

孔謐——譯

到底為什麼需要教育？良好的公民應該如何培養？
為什麼政府應該為人民提供教育？兒童為何不能自發成長為正常的人？

英國實證主義哲學集大成者赫伯特·史賓賽談教育

目錄

CONTENTS

導言

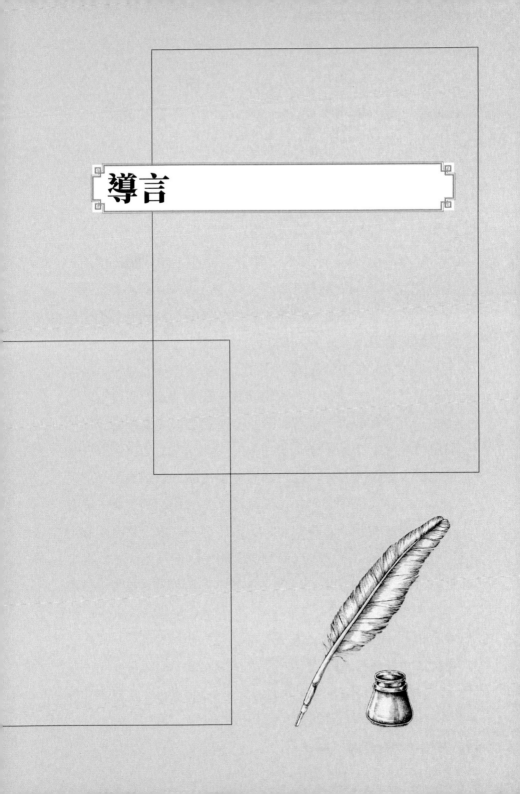

　　赫伯特·史賓賽（Herbert Spencer，西元 1820 ～ 1903 年），英國著名的哲學家、教育學家、社會學家、心理學家，演化論和社會有機體論的早期宣導者，英國實證主義的代表人物之一，曾被譽為英國的亞里斯多德（Aristotle）。

　　西元 1820 年 4 月 27 日，史賓賽出生於英國德比郡的一個教師家庭，他的父親喬治·史賓賽（George Spencer）是一位教育家。年幼的他被鼓勵去學習。年紀很小的時候，他經常接觸學術課本及他父親的期刊，並產生了濃厚的興趣。13 歲時，他被父親送到巴斯附近的小鎮 —— 辛頓查特修。在那裡他叔父可以為他提供正規的教育。最初他因為覺得很悶，對拉丁語及希臘語的學習十分抗拒，因此他沒有跟隨叔父，有時還跑回家中。後來，他從叔父身上學會並發展了自己早期政治及經濟理念，以此來回應叔父的激進改革觀點。西元 1836 年，叔父為他找到一份鐵路的土木工程師的工作。史賓賽在工作中的體驗，讓他停止了對行業的追求，反而認為上司讓工人過於勞累了。在這個時刻開始，他下定決心撰寫文章。在他 22 歲之後的數年間，他經常拜訪叔父，並將一些和政治有關的信件發給《非規範人》等一些激進的報紙。這是他正式開始參與傳媒，並撰寫社會政治方面的稿件。後來這些稿件被彙編為一部著作：《政府的適當權力範圍》。

　　史賓賽的這些早期著作顯示了自由主義者對工人權益及

政府責任的觀點。在他的圈子裡，他早已經在自然定律上鼓勵多一些理性。西元 1851 年，他的這些觀點在他的著作《社會靜力學》變得越來越成熟。在書中，他強調個體力量對於社會的重要性，但是卻被社會無可置疑的踐踏。不過其中遺漏了他早期著作流行的對工人階級的同情心。這就是史賓賽確立對文明的視角的開端，並非人類的人為建造方式，而是自然界中人類的自然有機產物。他曾經供職於倫敦財政報《經濟學人》，當了 5 年的副編輯，一直到西元 1853 年時，才離開了報社，投入專業寫作。此後的數年裡，他的著作涵蓋了多個行業的課題，包括教育、科學、鐵路工業、人口爆炸及大量哲學和社會學的課題。此後他先後出版了《心理學原理》、《第一項原則》、《綜合哲學》等多部代表作，最後一部著作讓他得以將自己構想的體系完成，也讓他成為英國實證主義哲學的集大成者，成了第一代實證主義哲學流派中的最大的，也是最後一位傑出代表人物。這為史賓賽贏得了極大的殊榮，獲得了「維多利亞時代英國的亞里斯多德」的美譽。史賓賽也因此先後獲得了劍橋大學、愛丁堡大學、布達佩斯大學、波隆那大學和聖安德魯斯大學等多所著名大學的博士學位，並為羅馬科學院、巴黎科學院等近十個科學院聘任為國外院士或通訊院士。1902 年，史賓賽入選諾貝爾文學獎提名。1903 年 12 月 8 日，史賓賽於蘇塞克斯郡逝世，享壽 83 歲。

　　史賓賽在教育理論方面獲得了不小的成就，他的教育思想主要在其著作《教育論》中展現出來。《教育論》一書是史賓賽早年發表的四篇教育論文〈智育〉、〈德育〉、〈體育〉和〈什麼知識最有價值〉的結集，此書曾對世界近代教育產生了較大的影響。

　　□ **什麼知識最有價值**：首先，史賓賽提出了「什麼知識最有價值」，這揭示了教育的目的的問題。史賓賽認為，教育的目的就是「為完滿的生活做準備」。教會人們怎樣生活就是教育的主要任務。在教育內容的方面，史賓賽認為科學知識最有價值，因此，學校教育中課程也應該以各門科學作為主要的內容。

　　□ **智育**：史賓賽在〈智育〉這篇中，揭示了幼兒的心智發展規律，以及相對應的教學方法和原則。他對兒童的心智能力的發展歷程進行分析，指出是從相同到不相同，從不準確到準確，從具體到抽象。所以，教學的過程應當遵循歸納的法則要求，堅持自動的原則，以及一定要貫徹興趣性原則。

　　□ **德育**：至於德育方面，史賓賽反對「人為懲罰」主張「自然懲罰」，他主張教育「應該是養成一個能夠自治的人，而非一個要讓其他人來管理的人」。

□ **體育**：史賓賽是從「物競天擇，適者生存」的生物演化論思想出發，來對體育的重要性進行論證的。對兒童進行體育的整體原則和要求，應該包含兩個方面，一方面，要與體育生理學的科學原理相符，另一方面，要讓體育可以遵循自然的指導。

《教育論》內容廣泛，涉及德、智、體等多個方面，並就教育的目的、內容、原則和方法等等議題，提出了頗為獨到的見解，不僅與時代的要求相適應，而且具有極為重要的現實意義。

本書從《教育論》的四篇中選譯了與當代社會關聯較為緊密的〈什麼知識最有價值〉和〈體育〉兩篇，又選譯了史賓賽另外七篇和教育相關的、具有一定代表性的論文，可以令讀者較為全面的了解這位先賢的教育思想。

第一章
什麼知識最有價值？

第一章　什麼知識最有價值？

如果從時間的先後順序來看，可以說人類是先有的裝飾，後有的衣服。一些可以忍受身體上的極大痛苦去紋身的人，都能夠經得起高溫而很少設法去減輕這種痛苦。洪堡（Humboldt）說過，一個奧里諾科印第安人雖然根本不考慮身體是否舒適，但是還要付出兩星期的勞動成果，去買塗身炫美的顏料；一個婦人可以一絲不掛、毫不遲疑的從自己的小屋走出去，但是她不敢不塗抹顏色出來見人，這是違反禮俗的。航海家看到過，在那些未開化的部落中，彩色珠飾的地位要比花布或絨面布高得多。我們曾經記載下這樣的軼事：送給這些人襯衫和外衣，卻被他們當作了荒謬可笑的炫耀，這就說明裝飾的念頭是如何徹底支配了實用的念頭的。不但這樣，還有更極端的例證，請看一位船長是怎樣講他的那些非洲僕人的：在天晴的時候，他們穿著羊皮斗篷昂首闊步，但是卻在下雨的時候，將斗篷脫了下來疊好，然後自己光著身子在雨中凍得瑟瑟發抖。土人生活的實況的確說明衣服發源於裝飾。當我們這樣想：就是在我們中間，大部分人對衣料是否華美的考慮，要遠多於它是否溫暖，對剪裁樣式是否好看的考慮，要遠多於穿著是否方便 —— 當我們看到效用仍然大部分都從屬於外觀這個事實，我們就對可以推斷出這樣一個起源更有信心了。

有一點很奇怪，那就是在心智方面也有一樣的情況。我

們在心智方面和在身體方面都是對裝飾的追求要大於實用。不光是在過去，在我們現代也差不多是這樣的：放在第一位的總是那些那些受人稱讚的知識，而那些增進個人福利的知識通常都被放在了第二位。希臘的學校主要科目是音樂、詩歌、修辭，還有在蘇格拉底（Socrates）任教以前幾乎和行動沒有關聯的哲學；而有助於提高生活技藝的知識只占比較次要的地位。在我們現在的大學和普通學校裡，也有類似的本末倒置的情況。一個男孩，他這一輩子，十之八九的時間都不會用到拉丁文或希臘文，這是大家都熟悉的事實。我們總說無論是他的店鋪和辦公室裡，或者是在管理家產或家務時，在從事鐵路或銀行工作時，他費了那麼多年學來的知識，幾乎都幫不上他什麼忙，甚至其中大部分他都已經忘記了；而如果他偶爾提及某段希臘神話，或者冒出一句拉丁文，也多半是為了表現自己，而不是為了說明當前的問題。假如有人問我們，對男孩子進行古典教育，真正的動機到底是什麼，那麼回答只能是為了順從社會輿論。和裝飾兒童的身體一樣，人們也隨著風尚，對兒童的心智進行著裝飾。這就和奧里諾科印第安人出門前塗抹顏色，並非為了獲得任何直接的好處，而是因為不這樣他就羞於見人，一個男孩一定要硬背拉丁文和希臘文，也並非這些語文具有什麼內在的價值，而是免得讓他因為對這些一竅不通而丟臉，是為了讓他接受

第一章　什麼知識最有價值？

所謂的「紳士教育」，這是某種社會地位的象徵，還能因此獲得他人的尊敬。

在女性那邊，這個類似情況的表現更加明顯。在對待身心兩個方面，裝飾因素會繼續占有優勢，而且在婦女那裡比男子更厲害。本來是不管男女，都很注重個人裝飾。但是在文明的近代，我們可以看到，在衣著上，男士對舒適的考慮要多於外表，同時在他們的教育中，近來實用的部分也在逐漸取代裝飾的部分。至於婦女，她們在這兩方面的改變都沒有男士們大。花樣繁多的髮飾；佩戴的戒指、耳環、手鐲；還總能看到的塗脂抹粉；千方百計的讓自己的服飾引人注目；以及為了追求時尚，寧可忍受非常大的不舒適。這些都可以說明，婦女在衣著上獲得讚許的渴望，遠遠的高於求得溫暖和方便的願望。在她們的教育方面也是同樣的情況，大多數的「才藝」在這裡都證明虛飾重於實用。唱歌，彈琴，舞蹈，繪畫，文雅的舉止，這些占了多大的比重！如果你問學義大利文和德文的原因，你就會知道，隱藏在所有藉口之下的才是真正的原因——會這些語言，才比較像一個貴婦人。學習這個並不是想要去讀那些用這個文字寫的書，因為她們幾乎都不讀書；而是為了能夠唱義大利文和德文的歌曲，這樣就會因為多才多藝而被嘖嘖稱讚。將一些君王的生卒年月、婚姻和別的一些瑣事軼聞記住，也不是因為知道了這些能夠獲

得什麼直接的好處，而是因為在社會上看來，這些屬於良好教育的一部分，如果不知道這些知識，就會被人看不起。當我們列出了寫字、拼法、語法、閱讀、算術和縫紉，就差不多將從生活實用上教給女孩子的所有東西都列出來了；其中有些還是為了獲得好評的多，為了個人直接福利的很少。

為了充分認清在心智方面和在身體方面，裝飾都比實用優先這一事實，了解一下它其中的道理是非常有必要的。它的道理就是，事實上，從遠古一直到如今，社會需求壓倒了個人需求，而主要的社會需求，就是約束個人。並不是如像我們通常想像的那樣，除了君主、議會和法定權力的管理機構以外，就再沒有別的管理機構了。還有一些未被公認的管理機構作為這些公認的管理機構的補充，它們在各方面形成起來，而每個男女都在那裡爭取為王為后，或者其他較高的尊位。出人頭地，受人尊敬，並且逢迎上級，人們全力以赴的參與到這場普遍的競爭當中。裝模作樣、矜財恃富、衣著華麗、炫耀才華，所有的人都想支配別人，這樣就形成了一個複雜的節制網，維持社會的秩序。用可怕的戰爭裝飾和腰帶上的敵人頭皮來嚇唬他的部下的，並不只是那些野蠻的酋長；用盛妝、風度和多才多藝來「征服別人」的，也不只是那些美女；學者、歷史家、哲學家也用非凡的造詣來實現同樣的目的。

第一章　什麼知識最有價值？

　　我們任何一個人都不滿足於在各方面，讓我們的個性安靜的獲得充分的發展，而是焦急的渴望，我們的個性可以深深的打動別人，並且在一定的程度上支配著他們。決定了我們教育性質，就是這個東西。我們所考慮的，並非什麼樣的知識才具有真正的價值，而是怎樣才能博得最多的稱讚、尊敬和榮譽，怎樣做才能獲得社會地位和影響，怎樣的表現，才是最神氣的。既然在全部的生活中，問題的關鍵並不是我們怎樣做，而是人家是怎樣看我們，因此在教育中，問題通常也就出在知識對別人的外部影響，而非內在價值。這個既成了我們的主導思想，我們對直接用途的考慮，實在不比野蠻人在琢磨牙齒和塗指甲時所考慮的多多少。

　　如果還需要進一步的證據來對我們教育的粗糙和幼稚進行說明，我們從基本沒有討論各種知識的比較價值這一件事上就能夠看出來，更不用說討論是沒按步驟進行和獲得確定結果了。不只是沒有獲得一致的比較價值的標準，事實是任何這樣一個標準是否存在，都沒有弄清楚。而不只是沒有弄清楚是否存在這樣的標準，人們似乎都沒有感覺到它的需求。人們看這個主題的書籍，聽那個主題的演講，準備教給他們的子女這些部分而不是那些部分的知識；所有這些，其實都是從習俗、愛好或偏見出發；從來沒有考慮過用某些合理方法來決定哪些東西才是真正值得學的，這才是至關重要

的。在各種社團中，也的確有人偶爾提起某類知識的重要性。不過那個重要程度是不是值得在它上面花費如此多的時間，這個時間是不是能夠更好的利用在更加重要的事物上；如果真的提出了這些問題，那麼還是會從個人成見出發，非常草率地就給解決了。的確，總有人重新提出一些長期爭論的問題，比如古典學科和數學哪門比較有價值。然而大家進行爭論時，只是憑藉自己的經驗，而不是依據一個已經發現的標準；而且如果和包括它的那整個問題相比，爭論的焦點並不是重要的。如果設想從判斷數學教育和古典教育哪個更好，就可以決定合理的課程，那就和設想找出麵包是否比馬鈴薯養分多就是營養學的全部差不多！

我們覺得最重要的問題並不在於某個知識是否有價值，而在於它的價值。人們總覺得只要提出某門科目給了他們某些益處就可以了，而完全忽略了還應該判斷那些益處是不是充分。人們注意到的科目，可能沒有一門是任何價值都不具備的。花一年的時間，埋頭研究宗譜紋章學，說不定就對古代習俗和道德有了一定的了解。不管是誰，只要記熟了英格蘭每個城鎮之間的距離，也可能在一生中安排某一次旅行時，發現那一千筆資料中有那麼一、兩筆可以發揮一點用處。收集一個郡的街談巷議好像沒什麼用，但是有時也可以為佐證一些有用的事實提供幫助，比方供給一個遺傳性傳遞

的例子。不過在這樣的情況下，任何一個人都得承認，需要
付出的勞動，和可以獲得的利益之間完全不成比例。不會有
人允許別人建議一個男孩子花幾年的時間來獲得這些知識，
而讓他可能得到的、更有價值的知識受到犧牲。如果這裡的
結論可以透過衡量相對價值來得出，那麼就應該每個地方都
應用這個標準。如果我們有掌握所有科目的時間，那也就沒
必要斤斤計較了。這裡引用一首舊歌：

> 如果人能穩有把握，
> 他的歲月將會延長，
> 就像古人千年長壽，
> 他能通曉多少事物！
> 他能成就多少事業！
> 淡定自若氣定神閒。

「可是我們人壽幾何」，一定要牢記，我們學習的時間
是有限的。時間有限，不只是因為人生是短促，更是因為人
事紛繁。我們應該力求將我們的一切時間，都花費在做最有
益的事情上。在花上很多年月的時間學習趨時尚憑愛好的科
目之前，相當審慎的對結果的價值進行一下衡量，再比較一
下，如果將這些年月用在別的方面會有哪些不同的結果，會
產生什麼樣的價值，必然是件理智的事。

因此，這是所有教育問題中的關鍵問題，現在是我們多少按步驟進行討論的時候了。雖然最後才能考慮到，但是非常重要的問題，是在不同的科目都引起了我們注意的時候，如何進行判斷。在可以制定一個合理課程之前，我們一定要確定最需要知道些什麼東西，或者引用一下培根（Francis Bacon）那句不幸現在已經過時的話說，我們一定要將各項知識的比較價值弄清楚。

　　要想實現這個目的，首先要有一個衡量價值的尺度。幸好價值的真正尺度，按照通常的說法，是不會產生爭論的。任何一個人在舉出任何一種知識的價值時，常常指出它和生活某些部分的關係。在對「那有什麼用？」這個問題進行回答時，數學家、語言學家、博物學家或哲學家都會說明他那門學問如何對行為產生積極的影響，如何能夠避凶得吉，如何才能獲得幸福。語文教師指出寫作對事業的成功（即是對謀生、對美滿的生活）的幫助有多大，他就進行了充分的說明。而一個收集古董的人（比如錢幣學家）沒能夠將這些事實對人類幸福究竟有什麼看得出的影響說清楚，他就只能承認那是一點價值都沒有。任何人都是直接或間接用這個來做最後檢驗的。

　　如何生活？這個是我們的主要問題。不單純只是從物質的意義上，而是從最廣泛的意義上來看，如何生活。概括一

第一章　什麼知識最有價值？

切特殊問題的普遍問題，是在各方面、各種情況下正確的對行為進行指導，讓其合乎準則。如何對待身體，如何培養心智，如何處理我們的事務，如何帶好兒女，如何做一個公民，如何利用自然界所供給的資源，讓人類更加幸福，總而言之，如何運用我們的所有能力使其對己對人，都是最為有益的，如何去完滿的生活？這個既是我們需要學習的重點，當然也就是教育中應當教的重點。為我們的圓滿生活做準備是教育應該盡的職責；而對一門教學科目進行評判唯一合理的辦法，就是看它盡這個職責盡到了什麼樣的程度。

過去從來沒有全部運用過這種檢驗，連部分運用都非常少見，而且還都是模糊的半意識的運用的；現在應該在所有情況下，有意識的、按步驟的進行運用。我們有將完滿的生活作為要實現的目的擺在我們面前，而看清楚它的責任，這對我們在培養兒童時審慎的根據這個目的來選擇施教的科目和方法是有幫助的。我們非但不應該不加思索的就趕教育上的時髦，那些沒有什麼依據比別的時髦的東西；和那些多少關心子女心智培養的、較有才智的人們所表現的粗枝大葉的、單憑經驗的評判方式相比，我們的評判方式還需要再繼續提高。只是去揣度某種知識在將來生活中是否會有用，或者這種知識和那種知識相比，實際價值還比較低；我們一定要找到估算它們各自價值的方法，讓我們盡可能明確的，哪

些才是最應該得到我們的關注的。

　　無疑，這個任務非常艱鉅，或許永遠也只能得到一個大概的成就。然而，如果考慮到這裡面重大的利害關係，就不能因為任務艱鉅，而表現怯懦，將它放了過去，而是應當因此竭盡全力，將其掌握。我們只要系統的進行，很快就可能獲得比較重大的結果。

　　顯然，我們的第一步應該是按照重要的程度，對人類生活的幾種主要活動進行分類。它們可以自然的分成以下的幾類：

　　☐ 對自我保護直接有幫助的活動。

　　☐ 從獲得生活必需品而對自我保護間接的有幫助的活動。

　　☐ 為了撫養和教育子女的活動。

　　☐ 和維持正常的社會和政治關係相關的活動。

　　☐ 在生活中的閒暇時間當中，各種用來滿足感情和愛好的活動。

　　我們不需要多少思索，就可以看出來這個次序是多少符合它們的真實主從關係的。顯而易見，經常保證我們個人安全的行動和預防措施一定要列在首位。如果有人一點都不懂四周的事物和運動，也不知道在它們當中應該怎麼辦，就像一個嬰兒一樣；就算他在別的方面可能擁有很大的學問，但

第一章 什麼知識最有價值？

是他一走上街，必然會喪命。既然在所有別的方面的一無所知不至於像在這方面的一無所知會馬上影響生命，那就一定要承認，和自我保護有直接關係的知識是頭等重要的。

比直接的自我保護次一級的，就是獲得生活方法的間接的自我保護，沒有人會懷疑這一點。考慮一個人的生產的職責，一定要先於做父母的職責，因為通常說來，做父母的職責，只有在生產的職責完成以後才有可能。既然一定要在具備養活子女的能力之前具備養活自己的能力，因此和家庭幸福所需要的知識相比，養活自己所需要的知識是更為迫切的，而在價值上，是僅比直接保護自己所需要的知識低的。

因為家庭在時間上要比國家早，因為不管在國家存在之前，還是在國家消滅以後，養育子女都是有可能的，而且，國家只是在人們養育了子女之後才可能有的，因此父母的職責，比公民的職責要求更密切的注意。或者我們再進一步的說，因為社會要想有良好的秩序，最終還得依靠它的公民擁有良好的品格，而早年訓練又是容易改變公民的品格的，因此我們得出這樣一個必然的結論，家庭福利是社會福利的基礎。因此，和前者直接相關的知識，一定要放在和後者直接相關的知識的前面。

在比較嚴肅的活動之外的餘暇時間，用不一樣形式的娛樂活動（包括欣賞詩歌、音樂、繪畫等等）作為消遣，顯然

要有一個前提，那就是一個早已存在的社會。不僅是因為如果沒有長期存在的社會組合，它們就無從獲得相當的發展，就是它們所表現的內容，本身也大多是社會情操和同情。社會所提供的，不只是它們成長的條件，還有表達的思想和感情。因此，和培養各種藝術愛好的這部分人類行為相比，做良好公民的那部分更加重要，而在教育中，為前者做的準備一定要放在為後者做的準備的前面。

我們重申一次，這個次序基本上是十分合理的：準備和自我保護直接相關的教育，準備和自我保護間接相關的教育，準備做父母所需要的知識的教育，準備做公民所需要的知識的教育，準備生活中各項文化活動所需要的知識的教育。我們的意思並非說這些範圍都可以進行準確的劃分。我們也不否認，它們之間的關聯是這樣的錯綜複雜，以致對其中任何一方面的訓練，都在某種程度上也是對其他一切的訓練。我們也沒有懷疑，任何一個範圍，都有些部分的重要程度要高於前一範圍的某些部分；比方一個只擅長經商的人，從完滿生活的標準來說，可能要比一個不太擅長賺錢、但是擅長教子的人差得多；或者一個關於正確的社會行為，擁有充分的知識，但是對一般的文藝修養是完全缺乏的，就不如在一方面比較擅長，而其他方面也大概知道一些。不過，在補充了說明這些後，這些大致的範圍還是存在的；而且這些

第一章　什麼知識最有價值？

範圍也基本是按照上面說的次序分出了主次，因為在生活中相應的那些範圍是有了一個，才會有另一個，而這裡面的次序正與此完全相符。

在所有這些範圍中有完全的準備，這就是教育的理想。但是在這個理想還無法達到的時候，而且在我們目前這個文化階段，每個人都很難實現理想，那麼目標就應該是在每個範圍的準備程度之間維持一個合適的比例。不是在每個方面都要有很深的造詣，儘管那是一個頭等重要的方面；也不是只關心其中最重要的兩個、三個或者四個方面；而是給予所有的方面關注：給予價值最大的最大的關注，價值小些的，關注就少些，價值最小的，就給予最少的關注。對於一個普通人而言（不要忘了有這樣的情況，有些人是特別擅長學習某方面的知識的，很可能就正好將其作為了謀生的職業）── 我們說的是對於一個普通人而言所需要的，是在對實現完滿生活最有幫助的那些事情上獲得最好的訓練結果，而在那些離完滿生活越來越遠的事情上，訓練得越來越差。

照這個標準來對教育進行安排，我們應該經常思考某些一般的問題。從對實現完滿的生活有幫助的角度來看，任何一種培養的價值可以是必然的，同時也可以是多少有條件的。有的知識的價值是內在的，有的是半內在的，還有的是習俗上的。

像在麻痺前一般會有麻木和刺痛的感覺，在水中運動的物體，其受到的水的阻力是和運動速度的平方成正比的，氯是一種消毒劑，這些還有一般的科學真理都是具有內在價值的：在一萬年以後，它們還會和現在一樣，和人類行為有關。因為學會了拉丁文和希臘文，本國語的知識得以增加，這個可以算作具有半內在的價值；對我們和對那些在語源上繼承了這兩種文字的別的民族而言，那是一定有價值的，不過那只能在我們語言存在的時候存在。至於那些在我們學校裡盜用了歷史名義的知識，一些年代、人名和陳舊的、毫無意義的事蹟，有的就只是一些習俗上的價值；對我們的任何行動而言，這種知識都沒有絲毫的關聯，而只是有了能夠避免現在的輿論對缺乏這種知識提出的、令人不愉快的批評罷了。當然，一定要承認，和整個人類始終都有關的事實的重要程度，要高於那些只在有限的年代中關係到一部分人的事實，也遠高於那些只流行一時的、和一部分人有關係的事實；所以合理的看法是：在別的情況相同時，具有內在價值的知識，一定要放在具有半內在價值或習俗上價值的知識之前。

　　還有一點需要提前說明。獲得任何一種東西，都會有兩項價值，分別是作為知識的價值，和作為訓練的價值。獲得了任何一種事實的知識，除了用來指導行為外，還可以用來對心智進行練習；對它在為完滿生活做準備時的效果進行考

慮，應該從這兩方面進行。

這些就是我們在開始討論課程時一定要具有的通常觀念：將生活按照重要性的不同，分成逐漸減少的幾種活動；在調節這些活動中，每類事實的內在的、半內在的和習俗上的價值；從作為知識和作為訓練兩方預估的它們在調節中產生的影響。

非常幸運的是，那個最重要部分的教育，也就是和自我保護直接相關的部分，大部分已經安排好了。因為那件事太重要，不會讓我們去瞎撞，自然就親自安排了。嬰兒還在乳母的懷抱裡，看到陌生人就會躲起來哭，這就是他的本能萌芽的表現：逃避未知的和可能發生危險的事物，以此確保安全；在他會走了以後，遇到野狗時的驚慌，或者看到聽到別的可怕的事物，就跑向母親，邊跑還邊叫喊，都是那種本能獲得了進一步發展的表現。不只是這些，他每時每刻所急於追求的，大部分都是為了直接自我保護的知識。如何保持身體的平衡；如何控制自己的動作避免碰撞；哪些東西是硬的、碰了會痛；哪些東西是重的、落在肢體上會造成傷害；哪些東西可以承受得住身體的重量而哪些東西不行；火、擲來的東西還有鋒利的工具會導致痛苦：這些還有別的各種為避免死亡或事故所需要的知識，都是他始終在學習的。過了幾年，他將力量運用到跑、爬、跳和體力及技巧的遊戲裡，我們能夠發現，一切這些讓知覺敏銳、判斷敏捷、肌肉發達的

動作，都是在為他的身體在四周物體和運動中確保安全而做的準備；並且讓他隨時可以應對每人生活中偶發的意外危險。如此說來，自然既然已經將這一方面照顧得如此周到，那麼這個最根本的教育根本就不用我們操什麼心。

我們所要著眼的主要是保證可以充分獲得這經驗，並受到這種鍛鍊，而不要讓自然受到妨礙。不要像有一些比較蠢笨的女教師那樣，總是不讓女學生去從事一些她們喜歡的自發體力活動，從而導致她們在面臨危險時多少有些束手無策。

但是，這並非為直接自我保護做準備的教育所包括的全部。除了保證身體遠離機械原因導致的傷害以外，還要遠離其他原因的傷害，不會因為違反生理規律而導致生病甚至死亡。為了生活可以完滿，不只需要防止突然死亡；還得避免那些不良的習慣所導致的能力喪失和逐漸死亡。既然健康狀況不好、精力較差，就會在某種程度上無力勝任生產的、父母的、社會的和其他的活動；顯然，以重要性來說，這種次要的直接自我保護是僅次於首要的那種的；而有助於獲得這種自我保護的知識的地位應該很高。

在這裡的確也多少已經有了些現成的指導。利用各種身體感覺和欲望，自然已經確保我們相當符合一些主要的要求。我們非常幸運，缺乏食物和酷熱嚴寒所產生的一些強大

刺激是無法忽視的。如果在這些和所有類似的刺激不那麼強烈的情況下，人們都習慣了服從，也就不會有那麼多的壞結果產生了。如果感覺體力腦力疲乏時，都不再工作；如果人因為房間悶氣而感覺不舒服，就出去通風；如果不餓就不吃飯，不渴就不喝水；那麼機體就幾乎不會出毛病。然而對於生活規律，人們是那麼嚴重的無知，以致完全不知道他們的感覺是他們的自然指導，而且（在未被長期忽視而造成變態時）是他們非常可靠的指導。所以，雖然從目的論上說，自然已經為健康安排了一些行之有效的保障，但是卻因為缺乏知識，而讓它們大部分變成無用。

　　如果有人對了解生理學原理是完滿生活一個方式的重要性有所懷疑，那就請他看一下，完全健康的中年或老年男女能有多少。一個直到老年還健壯的例子只能偶爾遇到，急性病、慢性病、身體虛弱、未老先衰的例子卻隨處可見。在你問到的人中，在一生中，從來沒有得過只要有少許知識就能避免的疾病的人是幾乎不存在的。這裡有一個人，因為疏忽大意著了涼，得了風溼熱，最後得了心臟病。那裡有一個人，因為過度學習而讓眼睛終身受損害。昨天聽說有一個人，他的跛腳是因為受了輕傷膝蓋感覺痛，但是他還勉強走路，而今天又聽說另一個人之所以需要長年休養，就是因為他不了解他得的心悸症病因就是過度的用腦。過了一會，我

們又聽說了一個無法挽救的損傷是傻裡傻氣的賣弄氣力造成的；過了一會，又聽說一個人因為從事過度的、沒有必要的工作，讓體質遭到了損害，始終無法復原。從各個方面，我們還會不斷看到跟著虛弱一起來的小毛病。都不用說那些由此導致的痛苦、煩躁、愁悶，還有在時間、金錢上的浪費，只考慮一下健康不良讓所有任務的完成受到多少阻礙 —— 讓工作總是非常困難，甚至直接不能進行下去；產生一種對於不利於合理的管理兒童的急躁情緒；讓公民無從發揮自己的作用；對娛樂感覺厭煩。難道還不是明擺著引起這種健康不良的身體惡習（這惡習，有一部分是由祖先遺留下來的，還有一部分是我們自己造成的），比任何別的事件，都讓我們的圓滿生活遭受了更多的損失嗎？而在很大的程度上，讓生活再也不是幸福和愉快，而成為了我們的失敗的負擔嗎？

　　還不只這些。除了會因此讓生活極度惡化外，還會縮短我們的壽命。並不是照我們一般所設想的那樣，病後康復，一切都和得病之前一樣。功能的正常作用有過任何擾亂，事後都是無法完全恢復成原來的樣子的。永久的傷害總是還會存在的，可能不能馬上看出來，可是它依然在那裡；而且與自然在它的嚴格核算中從不漏掉的別的項目一起，將來在算總帳的時候，就不免要讓我們的壽命因此縮短了。因為累積的輕傷，體質早已一般的受到損害以致毀壞。想一下人們的

第一章　什麼知識最有價值？

平均壽命要比可能達到的壽命短多少，我們就能知道這個損失有多大了。在不良健康所引起的很多部分的損耗上，再加上這個最後的大損耗，結果通常就是，讓生命失去了一半的長度。

因此，那些避免損害健康、保護自己的知識是首要的。我們的意思不是有了這些知識，就能夠克服所有的壞現象。顯然，在我們目前文明的情況下，人們的需求總會迫使他們越軌。顯然，就算這種強迫不存在，他們的天性傾向也總會讓他們明知故犯，為了眼下的享受，而犧牲未來的好處。然而我們覺得，用正確的方法來灌輸正確的知識的效果會非常好，而且一定要對健康的生活有所認識後，才能充分的實行，我們進一步主張無論更合理的生活什麼時候實現，都要事先就傳授了這種知識。在我們看來，既然充沛的精力和它帶來的飽滿情緒在幸福中，比任何其他事情的地位都重要，那麼教人保持良好健康和飽滿的情緒，就是最重要的。因此我們可以確定，這樣一門為了解其中普遍真理，還有它們和日常行為的關係所必需的生理學科目，是合理的教育中最重要的部分之一。

非常奇怪的是，這個主張還需要提出！還有更奇怪的，那就是它還需要辯護！然而，會不會有一些人，會用近乎嘲笑的態度來看待這個主張。一些被人發現讀錯了希臘文學中

人名伊菲革涅亞（Iphigenia）的重音就會臉紅的人，或者覺得說他不了解一個半神話人物的傳說事蹟就是侮辱的人，卻毫無愧意的承認自己並不清楚耳咽管在哪裡，脊椎神經的作用是什麼，正常的脈搏是每分鐘多少次，或者肺是如何充滿空氣的。他們在渴望自己的兒子要對兩千年前的迷信瞭若指掌的同時，卻不關心有沒有將和自己身體構造和機能有關的任何知識教給兒子，不但這樣，還希望別人也不要這樣來教。既定的習慣勢力就是如此之大！在我們教育裡，裝飾就是這樣可怕的勝過了實用！

我們沒有必要強調讓人容易謀生、對保護自己有幫助的那種知識的價值，這一點是無論誰都承認的；說實話，大家還或許將它視為教育的唯一目標，這其實有點過分了。不過即使任何一個人都對這種抽象的說法表示同意，說準備年輕人謀生的教育非常重要，甚至覺得是最重要的；可是基本是沒有人去探究想要將這項準備做好，需要教些什麼。當然，教讀、寫、算這些，也真正是從道理上承認了它們有用。但是除了這些，就差不多沒有什麼可說的了。所學的別的東西，大多數都是和生產活動沒有關係的，而大量和生產活動有直接關係的知識，又被徹底的忽略了。

因為，除了某些人數很少的階級以外，其他大部分的人在做什麼？他們都在進行商品的生產、加工和分配工作。而

第一章　什麼知識最有價值？

商品的生產、加工和分配的效率靠的又是什麼？就靠運用和這些商品各種性質相符合的方法，靠在不同情況下，都對它們的物理學的、化學的或生命的特徵瞭若指掌；這就是在依靠科學。這方面的知識，大部分沒有列入我們學校科目內容，但是是讓文明生活成為可能的所有過程可以順利進行的基礎。儘管不能否認這個真理，但是好像並沒有人注意；正是因為司空見慣，就反而給忽略了。為了讓我們的論點得到充分的論述，我們必須馬上列舉一些事實，來讓讀者理解這個真理。

撇開邏輯學這個最抽象的科學不談（雖然大生產者或分配者，也在有意無意中要利用它來對商情進行預測），我們會首先遇到數學。在數學裡，和數目有關的最普通部分就對一切生產活動進行著指導，無論是調節工序、進行估價、商品買賣或者記帳，都得用到它。對任何人強調這部分抽象科學的價值是沒有必要的。

在進行需要較高技藝的建築中，一定要多少具備一些較專業的數學知識。村裡的木工用成規來對工作進行安排，和建造不列顛尼亞大橋的人一樣，隨時都在應用一些空間關係的規律。測繪員在對所購地段進行測量時，建築師在設計大廈的架構時，施工工人在打地基時，石匠在砌石塊時，別的工人在進行裝配時，都離不開幾何學原理的指導。鐵道的

修建從頭到尾都離不開幾何學：無論是準備平面圖和路段、打樁定線、量度路塹路堤，還是設計、建造橋梁、拱橋、隧道、涵洞、車站中，都是一樣的情況。在分布在沿岸和內陸各地的港口、船塢、碼頭和各式各樣的工程建築，還有地下的礦井裡，也都是完全一樣的情況。目前，即使是農民在設計溝道時，都離不開水平儀，這也是對幾何學原理的運用。

其次就是抽象 —— 具體的科學。現代工業製造的成就，就離不開對其中最簡單的一門 —— 力學的應用。每件機械的製造，都要按照槓桿、輪軸等的特性；而我們現在差不多所有的生產，都在依靠機械。可以研究一下早餐麵包的來源。生出小麥的土壤，水道是用機械做的磚做的；用機械翻的地；用機械播的種子；收割、脫粒、去皮，用的還是機械；磨碎、篩粉、裝袋，還是離不開機械；而如果將麵粉送到了戈斯波特的話，那麼說不定就用機械將其做成了餅乾。看一下你現在坐著的這個房間。如果是新式的，牆上的磚應該就是機械生產出來的；地板的鋸刨，爐架的鋸和磨光，壁紙的製作還有印色，都離不開機械；桌面的鑲飾，車圓的椅子腳，還有窗簾、地毯，都是機械的產品。你的衣服，素的、織花的或者印花的，不都是用機械織出來的，或者用機械縫好的嗎？你看的那些書籍，每一頁不都是用一種機械生產出來的，又用另一種機械把這些字印上去的嗎？除了這些，還有我們也

第一章　什麼知識最有價值？

應該感謝的水陸運輸工具。再就是有一點要注意，根據實現這些目的時運用力學知識的好和壞，會產生不同的結果：成功和失敗。建橋時，工程師如果在材料力學方面的計算出了錯，橋就會倒塌。那些使用不好的機器的工業家，就無法和另一個擁有摩擦和慣性上損耗比較低的機械的人競爭。那些墨守成規的造船家，不會是一個按照力學上的流線原理造船的人的對手。因為一個國家抵抗另一個國家的能力，取決於它的各單位活動中的技術水準，因此我們就能夠看出來，關於機械的知識很有可能轉變國家的命運。

從關於克分子力的抽象 —— 具體科學部分提升到關於分子力的那些部分，我們就能夠看到另外一系列的應用範圍。因為這些和前面說的那些科學，我們有了蒸汽機，可以代替幾百萬名的勞動者。物理學中那些和熱學定律有關的部分，告訴我們在很多生產部門中應該如何節約燃料，如何用熱風代替冷風，一次提高煉鐵爐的產量，如何在礦井中通風，如何用安全燈來避免爆炸，以及如何用溫度計調節無數的過程。對光的現象的研究，讓老年和近視的人視力得以恢復，有了顯微鏡，得以發現疾病和汙染的現象，以及用改進的燈塔，避免航行事故的發生。因為電磁學的研究，羅盤針救下了數不勝數的生命和財產，電鑄版的出現提高很多的技術，而現在電報的出現又為我們提供了一個工具，讓日後所有的

商業來往都能夠調節，政治聯絡能夠進行。在室內生活的很多細節上，無論是改良的爐灶，還是客廳桌上的立體鏡，都說明先進的物理學的應用，為我們獲得舒適和滿足打下了基礎。

化學方面的應用就更多了。漂白工、染色工、印花工，他們自己的製作法做得好還是壞，就取決於他們是不是遵守了化學定律。熔煉銅、鐵、鉛、錫、鋅、銀，沒有化學的指導是不行的。製糖、製煤氣、製肥皂、製造火藥，其中都有一部分的操作，是按照化學的原理來進行；生產玻璃和陶瓷的操作也是同樣的情況。釀酒的人的麥芽汁，是在酒精發酵階段停止，還是再往前到變醋酸階段，就是一個直接決定了他的盈虧的化學問題，而一個大酒商就會認為，聘請一個化學家還是十分合算的。

事實上，目前幾乎沒有哪個製造工業的某些部分，不是按照化學原理來操作的。不僅是這樣，現在就算是農業，要想經營得利，也一定要有同樣的指導。肥料和土壤成分的分析；它們互相的配合；如何用石膏或別的東西來固定氨；如何利用糞便化合物；人造肥料的生產 —— 這些都是化學的貢獻，是農業家應當掌握的。不管是根據摩擦生火的火柴，還是根據消了毒的汙水，或者是根據照相技術，還是根據不經發酵的麵包，從廢物中提取得的香料，我們都能發現化學對

第一章　什麼知識最有價值？

我們所有生產的影響；所以這方面的知識，是每個與我們生產直接或間接相關的人都應該注意的。

在具體的科學中，我們首先遇到的是天文學。航海技術是從這裡產生的；有了它，才可能有了那個龐大的國外貿易，養活我們大部分人，和供給我們許多必需品及大部分奢侈品都是從這裡面獲得的。

地質學這門科學的知識對工業成就也大有幫助。既然目前鐵礦石是如此大的一個財富資源，既然目前我們煤的供應期的長短已經成為大家關心的問題，既然目前我們已經擁有了礦業學院和地質勘探，我們現在就沒有必要再發揮研究地球外殼對我們物質福利是很重要的這一事實了。

再說，生命的科學，生物學，對於這些間接保護自己的過程不也存在根本的關係嗎？它的確和我們通常所說的製造工業沒什麼關係；但是和食品製造業，這個最主要的製造業卻有著無法分割的關聯。因為農業的方法。一定要和動植物生活的現象相符，這些現象的科學就是展開農業活動的合理根據。很多生物學的真理都有這樣的情況，在它們還沒有成為科學的時候，就已經在農民那裡得到了證實和應用，成為了農民的經驗；比如某些特殊的肥料對某些特殊的植物特別適合，某種莊稼會讓土壤不再適合種其他種莊稼，馬的飼料壞，工作就不會好，牛羊的這種或那種疾病，原因就是這種

或那種情況。這些，以及農業家從經驗中獲得的、關於怎樣對待動植物的日常知識，就累積了非常多的生物學事實；而他之所以成功，多半靠的就是這種累積的豐富。既然這些儘管不多、不夠準確、比較粗淺的生物學事實的幫助這麼大，那就不妨判斷一下，如果這種事實可以得到改善，變得肯定、準確和充分，對他就一定會有更大的價值。實際上我們目前就已經發現了理論生物學為他帶來的好處。產生動物體熱，意味著有物質的消耗，所以避免熱的散失，也就避免了額外食物的需求，這一真理 —— 這一個純粹理論的結論 —— 目前就在指導我們如何將牛養得肥壯；讓牛暖和了，就可以節省飼料。在食物的多樣化上，也有差不多的情況。生理學家的實驗告訴我們，有好處的不只是變換食物，每餐有混合的食品，還對消化有幫助。我們發現了那種每年讓幾千頭羊死去的、被稱為「暈倒病」的病症，起因是一種入侵了羊腦的體內寄生蟲，而如果我們在標明牠的位置的那個頭骨軟處穿過，取出寄生蟲，就可以讓羊的病痊癒。這就是另一件農業應該感謝生物學的事情。

　　我們還要注意，還有一門和生產成就有直接關係的科學，那就是社會科學。那些每天觀察金融市場情況，對現在的行情進行了解，分析穀物、糖、棉花、蠶絲、羊毛的大致收成，評估發生戰爭的可能性，而最終決定他們採取什麼樣

第一章　什麼知識最有價值？

的經商措施的人們，都是社會科學的學生。他們有可能是一些根據經驗進行判斷而犯錯誤的學生，但還是一些因為判斷的正確與否而致盈虧的學生。這樣做的不只是工商業者經營企業，要根據許多事實，按照各種社會行為的一般原則，考慮到供需關係；即使是零售商也應該是這樣的，他的生意興隆在很大的程度上，靠的就是他正確的判斷到了將來的批發價和將來的消費率。顯然，所有參與一地區複雜商業活動的人們，都對了解這些活動變化的規律是非常關心的。

因此，對於所有從事商品生產、交換或分配的人，對科學的某些部門要熟悉是很重要的。每一個直接或間接涉及任何一種生產的人（不是這樣的人很少）就一定會接觸到事物的數學的、物理學的和化學的特性，只是程度不同；或許也會對生物學很關心；而對社會學，一定是非常關心的。他能不能在那個間接保護自己，能不能在被我們稱為謀生的那個方面獲得成就，在很大程度上依賴的就他掌握的一門或幾門這種科學中的知識；可能並不是理論知識，但還是知識，即使是從經驗中獲得的。這是因為，我們所謂的學一行買賣，實際指的學這其中的科學，雖然可能沒有用科學這個名字。所以科學方面的根底特別重要，既是因為它在為這一切做著準備，也因為理論的知識遠遠比經驗的知識優越。此外，每個人需要科學的修養，還不只是為了了解與他的生產或分配

工作有關的事物和過程的情況和所以然的道理；了解許多別的事物和過程的情況和所以然時常也很重要。

在眼下這個合股經營的時代，除了工人，幾乎所有的人都像資本家一樣，對本行業以外的某些其他行業非常關心；既然如此關心，那麼他是賺錢，還是賠本，就要看他對關於這個其他職業的科學上知道多少了。這裡有個礦井，掘進以後不少股東都垮了，因為他們不懂某個化石是屬於老紅沙石一類的，在那底下肯定找不著煤。製造電磁引擎來代替蒸汽機的嘗試有很多；但是如果投資的人對力的關聯和等效的一般規律有所了解，就可能多留一些存款在銀行裡。每一天，都有一些人被吸引去為一些只要粗通科學就能看出根本行不通的發明幫忙。在過去，幾乎所有的地方都曾出過這樣的人：從事一些不可能的事業，而把自己的家當敗光。

如果是因為缺乏科學，就已經經常有這樣的損失，而且他的損失還如此之大；那麼將來，這些缺乏科學的人的損失就會更頻繁，規模也會更大。生產過程既然那麼快的科學化，競爭會讓它們不得不這樣；合股經營既然那麼快的推廣，而事實一定會這樣；科學知識就應該同樣快的成為每個人所必不可少的。

從這裡我們就能夠看出來，幾乎為學校科目中所完全忽視的東西，卻和人生事業有著密切的關係。如果不是因為在

第一章　什麼知識最有價值？

他們學業據說已完成後，人們開始自己想辦法獲得了一些知識，我們的生產就會陷入停頓。如果沒有這個已經累計多年的、在私下傳播的知識，根本就不會出現這些生產。如果除我們公學所進行的教育以外，再也沒有別的教育，現在的英國就會和封建時代一樣。若干年來，那些日益增長的對現象規律的知識讓我們可以征服自然，讓它順從我們的需求，讓現在一個普通工人可以享受到幾百年前帝王所享受不到的舒適，卻和我們教育年輕人的那些現成辦法幾乎一點關係都沒有。最重要的知識，那些讓我們國家成長和作為我們全部生產的基礎的知識，是一種從街頭巷尾獲得的知識；而一些欽定的教育機構始終念念叨叨的，卻差不多都是一些陳腐的公式。

接下來我們來說一下人類活動的第三大範圍，那範圍中是什麼準備也沒有做。如果因為特別的機會，我們除了一堆學校課本和某些大學考卷以外，我們為那遙遠的將來沒有留任何東西；我們能夠想像出來，那個時期的考古學者在這裡面找不到任何能夠顯示學習者有可能做父母的東西時，會是怎樣的迷惑。我們不妨揣測一下，他會得出這樣的結論：「這些課程一定是屬於他們那些不結婚的人的。從這中間，我能看出來很多事情都進行了仔細的準備；特別是對閱讀一些早已不存在的國家和同時存在的國家的書籍（從此彷彿可以看出來，他們本國語文中值得讀的東西很少）；不過和帶孩子

有關的事，我一點都沒有找到。他們還不至於如此荒唐，完全忽略這個責任最重的訓練。顯然，這個課程是屬於他們某個僧院宗派的學校的。」

說正經的，子女的善與惡，生與死，都在於父母如何教他們。然而對於將來要做父母的人，在教養兒童方面甚至沒有一個字的教導，這難道不很奇怪嗎？將新一代的命運置於缺乏理智的習俗、衝動、幻想中去碰運氣，如果再加上一些不懂事的乳母的建議，還有奶奶們的帶有偏見成見的勸告，這難道不很荒謬嗎？如果一個商人一點算術和記帳的知識都沒有，就開始經商，我們一定會說他是瞎做，將會目睹他得到慘痛的結果。而如果一個人根本沒學過解剖，就開業為別人進行外科手術，我們也會為他的膽大包天大吃一驚，還會非常可憐他的病人。然而通常父母都從來沒有考慮過那些在身體、道德、智慧方面應該為他們提供指導的原則，就開始了教養兒童這個無比艱鉅的任務，卻並沒有引起對他們的驚訝，也沒有引起對受害者的憐憫。

在死亡的幾萬人外，還有虛弱體質下苟延殘喘的幾十萬人，和長成而沒有獲得應有的強健體質的幾百萬人，你就能夠看出來，不懂得生命規律的父母對子女帶來了怎樣的災難。只要考慮一下，兒童所受到的教育時刻都對造成終身的損害或利益產生著影響，以及錯的辦法的數量是對的辦法的

一、二十倍，你就能夠看到了那一般常用的、不加思索、隨便亂做的制度在隨處可見闖下的大禍。是不是決定了要叫一個男孩穿著短薄的衣服，在遊戲時把手和腳都凍得通紅？

　　我們都能看出這個決定對他整個日後生活的影響：要麼生病，要麼發育不良，或者精力不足，始終達不到應有的健康水準，所以會成為他收穫成就和幸福的阻礙。兒童是不是注定了要吃單調的或者缺乏營養的食物？他們最後的體力和作為成年男女的效率不免就要降低一些。他們是不是禁止遊戲吵鬧，或者在冷天的時候就要被關在室內（因為穿得太少的擋不了風寒）？那他們一定不會達到原本能夠達到的健康和體力水準。自己的子女長大了但是虛弱多病，父母總以為這是一種不幸，是上天在懲罰自己。按照現在這樣糊塗的想法，這些禍害是無緣無故的，或者是因為某種超自然的原因。根本不是這樣一回事。某些情況的原因確實是遺傳，然而在大多數的情況下，禍根就是一些愚笨的規則。這所有的疼痛、虛弱、頹喪、苦悶，通常都由父母本人負責。他們每時每刻都在管他們子女的生活；但是因為他們的漫不經心，他們只會指手劃腳，對那些生命過程持續產生影響，然而根本不會去研究它。他們根本不了解最簡單的生理學規律，但是卻在經年累月的損害兒童的體質，所以不但讓他們自己，還讓他們的後代生病或早死。

當我們從身體訓練談到道德訓練的時候，面對的情況是一樣的：知識匱乏。它導致的損害也同樣非常大。請看看一個年輕母親和她在育兒室裡的做法。不過是幾年以前，她還在學校裡學習，她在那裡記住了不少的字句、人名、年代，但是思考能力，哪怕最基礎的練習也沒有接受過；她都花在了閱讀小說、練習音樂、做裝飾性的刺繡、參加宴會方面，而從來沒有想過做母親的嚴重責任；她的智力幾乎沒有接受過為履行這些責任做準備的培養。但是現在，她監護者一個正在發育的人，她對所要對待的現象一無所知，但是她要做的，卻是一件即使知識豐富，也不一定就能做好的事。情緒的性質，它們的演化次序，它們具有的作用，在什麼地方它們就會無益有害，這些她一點都不了解。在她的印象裡，有些感情徹底就是壞的，其實事實並不是這樣的；而又有些感情，又不管怎樣走極端都是好的，其實也並不是這樣的。她既不清楚她所要對待的人的身體結構，也不清楚該如何對這個結構產生效果。還有什麼比我們所看到的隨時發生的慘痛結果更不可避免呢？既不了解心智現象和它們的前因後果，她的干預往往比徹底不管的害處更大。她老在阻止某些本來是很正常、還有好處的動作，兒童因此少了很多快樂和利益，導致了母子之間出現不和。她覺得應該鼓勵的行為，就去威逼利誘或者激起一種獲得表揚的欲望；只求表面行為對

頭，而沒有考慮內部動機；就這樣，虛偽、懼怕、自私而不是好感得到了培養。在堅持要求誠實的時候，她總會做出不誠實的榜樣：以懲罰相威脅，但是又沒有執行。在培養自制能力的時候，她卻常常怒罵小孩，只是為了一些不該責罵的事。她一點都不了解在育兒室和在社會上是一樣的道理，唯一真正有益的訓練就是讓所有的行為，無論是好的還是壞的，都得到自然的後果，這是唯一真正有益的訓練。這樣她既沒有理論上的指導，又不能透過了解她兒童的心智過程來為自己指引方向，她的管教就是任性的、不一致的，也就是有害的。如果人們在心智成長中，沒有強大的傾向去達到種族的道德典型，而經常能壓倒一切較次影響的話，那結局真會造成一種非常普遍的災難。

再談一下對智慧的培養，這難道不也是一樣的沒做好？如果承認智慧現象是符合規律的，承認兒童智慧的演化也是按照規律來的，就一定要承認，如果不了解這些規律，教育就不會以正確的方式進行。如果你覺得不用了解這個過程的性質，一樣可以正當的調節這個形成和累積觀念的過程，那真是非常荒謬的。這樣的教學 —— 幾乎沒有哪個父母懂心理學，而只有少數教師懂得一點 —— 與應該有的教學水準有多大的差距，就可想而知了。就像能夠預料到的，現有的制度不管是內容，還是方法，都有很大的問題。不講正確的

知識，卻在用錯誤的方法，將錯誤的知識按照錯誤的次序灌輸給學生。擁有教育局限於書本的狹隘觀念的家長們，就提前幾年將入門課本教給兒童，這樣的做法對兒童是十分有害的。他們不明白這個真理：書籍只能產生補充的作用，是一種間接的獲得知識的方式，只在直接的方式沒有成功時發揮作用，一個利用別人來看自己看不見的東西的方式，教師們就忙著用第二手的事實來取代了第一手的事實。他們也不了解幼年進行的自發教育價值有多大，不了解不僅不應當忽視或限制兒童不停的觀察，反而應當大力提倡，讓它盡可能的準確和完備。

他們堅持要讓兒童眼裡和思想裡只有現在不能理解的和討厭的東西。他們迷信知識的符號，而不去對知識本身進行探究，看不見只有兒童已經相當廣泛的接觸了家庭、街市、田野的事物和過程時，才應該將書籍所供給的那個新的知識泉源介紹給他。這不只是因為直接認識的價值要遠大於間接認識的價值，同時也因為書中字句沒有事先對事物已經有的經驗作為依據，是不能正確的變成觀念的。其次，要注意的一點是，進行這個開始過早的形式教育，也幾乎沒有參照心智發育的規律。智慧的發展一定要是從具體到抽象。然而人們根本不管這些，結果比如語法這樣高度抽象的科目本應該是非常晚才教的，卻開始得非常早。那些政治地理課程對於

第一章　什麼知識最有價值？

兒童來說非常死板無趣，應當附在社會學學習，卻也教得很早；比較有趣的、兒童可以理解的自然地理，倒是被省略了大部分。要講授的每一門科目基本都沒有按照正常的次序安排，定義、規則、原理都被安排在了前面，而沒有按照它們在自然中的次序，透過對個別實例的研究來揭示的。而且還有那害人的死記硬背的制度，那個為了字句而將內容犧牲的制度貫穿始終。看一下結果吧。

既然因為早年受抑制和被迫注意書本而讓違反了自然的知覺變得遲鈍；既然因為在學生還無法理解的時候就教一些科目，而每一科又都是將概括安排在所概括事實之前，而導致了心智上的混亂；既然讓學生單純被動的接受別人的觀念，而根本沒有引導他勤學好問；既然能力上的負擔如此沉重；那麼心智自然很難有較高的效率。考試一過，學生就把書本扔到了一邊；因為知識沒有進行系統化，所以所得到的大部分知識用不了多久就會忘光了。因為並沒有培養它們運用知識的技能，所以剩下的大多是死板的東西，結果就是他們既不會準確觀察，也不會獨立思考。此外即使是那些他們沒有忘記的知識，也幾乎都是價值較小的，而大量價值較高的知識卻被徹底的忽略了。

這樣，我們能夠看出，事實就和我們事先能夠推論出的一樣，無論是對兒童的身體的訓練，還是對道德或者智慧的

訓練上，都是問題眾多的。這通常是因為父母缺乏唯一可以正確指導這種訓練的知識。將一個最複雜的問題，交給基本上是根本沒有考慮過解決它所要依據的原則的一些人，那會是怎樣的結果？想要掌握製鞋、造屋、行船或駕駛機車，一定要進行長時期的徒工學習。難道說和這些比較起來，人類身心的發育過程，就是那麼的簡單，每個人都能夠毫無準備就去監督它、調節它了嗎？如果不是這樣的話，這過程的複雜程度要高於自然中的任何過程，而管理它的任務的難度又是最高的，那麼沒有準備的去完成這項任務，不是狂妄是什麼呢？我們寧可犧牲一些別的才藝，也不能將這個最主要的教育給忽視了。一個父親因沒有經過檢驗，就採用了錯誤的教條來指導他兒子們的行動，而導致他們之間出現了不和，他的粗暴的處理逼著他們奮起反抗。在他毀了他們，而又讓自己感到痛苦的時候，他很可能會意識到，即使將和埃斯庫羅斯（Aeschylus）有關的所有知識都犧牲，去學習性格形成學也是非常值得的。一個母親痛悼她的第一個孩子是死於猩紅熱的後遺症 —— 一位直率的醫師證實了她的懷疑，說如果那個孩子的體質沒有因為學習過度而十分虛弱，很可能就會復原了；當她悲悔交加、痛不欲生的時候，即使她可以誦讀但丁（Dante）的原著，對她也不會有多大的安慰作用。

這樣，我們能夠看出，為了調節第三大範圍的人類活

第一章　什麼知識最有價值？

動，沒有生命規律的知識是不行的。對於帶孩子來說，多少熟悉一些生理學的基本原理，還有心理學的初步知識是不可或缺的。許多人聽到這種意見會覺得好笑，對此我們並不懷疑。他們認為希望一般父母獲得這些深奧科目的知識並不合理。如果我們主張每一位父母都要精通這些科目，那顯然是非常不合理的。但是我們沒有那樣主張，我們只是要求父母們了解一般的原理，附帶懂得一些為了了解一般原理所必不可少的例證就可以了。這些都是很容易教的，如果教的時候無法闡明其中的道理，那就教條式的教吧。不過不管怎樣，這些都是不容爭辯的事實：兒童身心發育有一定的規律；除非他們的父母在某種程度上遵守這些規律，否則子女難免要短命；除非在很大程度上遵守這些規律，否則雙方的身心一定會產生嚴重的缺陷；只有徹底的遵守這些規律，才能讓兒童得以健康成長。那麼請自行進行判斷，任何一位將來有一天要做父母的人，是不是應該努力的多少學習一些和這些規律相關的知識。

接下來，讓我們從父母的職責轉到公民的職責。我們現在要問，一個需要盡這些職責的人，需要些什麼樣的知識？我們還不能說完全忽視了盡這些職責所需要的知識，因為我們學校某些科目和政治社會責任有關，至少在名義上是這樣的。這裡面唯一占最重要地位的，是歷史。

然而就像前面已經說過的，一般在此名目下所給予的知識，基本都沒有任何指導價值。在我們的歷史課本中，說明政治行動中正確原則的事實基本沒有，那些較詳細的、面向成年人的著作中，這種原則也很少。君王的傳記（我們的兒童就學了這個）對於了解社會的科學一點用處都沒有。知道了一些宮廷的明爭暗鬥、相互篡奪等這類的事情，還有知道了一些其中人物的名字，對於弄清楚國家進步的原因並沒有任何幫助。我們讀到了某些爭權引發的戰爭；以及某某人是大將和副帥，每人擁有幾千馬隊、步兵，擁有多少門大炮；每人如何如何的部署軍隊；他們如何調動，如何進攻，又是如何退卻；在哪天哪個時候遭了什麼樣的失利，在哪天哪個時候，又獲得了些什麼樣的利益；某個主將在某次作戰中陣亡，某一團在另一次作戰中被消滅；而在所有這些戰役或勝或敗之後，某方軍隊獲勝或失敗；雙方有多少傷亡，戰勝者抓了多少的俘虜。好了，所有的這些敘述都是說的細枝末節，哪一件對決定你的公民行為有幫助？即使假定你認真讀的，不只是《世界上的十五次決戰》，歷史中所有別的戰爭的記載你都讀了，那麼在下一次選舉中，你的投票又能高明多少？你可能會說「但是這都是事實，有趣的事實」。

　　是的，這些都是事實（至少不是全部或者部分虛構的那種），感興趣的人也很多。但是這並不代表著它們就具有價

第一章　什麼知識最有價值？

值。世俗的觀點通常認為幾乎一文不值的東西，還是存在一些似是而非的價值。一個喜歡鬱金香成癖的人，即使給他同樣重的金子，他都不會放棄一個特好的球莖。在另一個人看來，一件醜陋還有裂縫的古瓷，就是他最寶貴的財產。還有人願意出高價，買下那些著名謀殺凶手的遺物。是否可以說這些嗜好就可以衡量滿足它們的那些對象的價值？如果不可以，那就得承認對某種歷史事實的愛好，並不能證明它們就具有什麼價值；我們一定要像檢驗別的事實的價值一樣，來檢驗它們的價值，要看看它們到底有什麼用。如果有人告訴你鄰居的貓昨天生了小貓，你會說這個消息什麼價值都沒有。儘管這可能真的是事實，你也會說這事實毫無用處，並不能對你的生活行動產生影響，不能幫助你學習怎樣生活得圓滿。

好了，我們再去檢驗一下那一大堆的歷史事實，你也會得到同樣的結論。那些都是無法從中得到什麼結論的事實，無法組織的事實；因此，對建立行為準則不能提供什麼幫助，而建立行為準則，才是事實的主要用途。高興的話看看它們作為消遣可以，可是千萬別哄自己說那能教給自己什麼東西。

在歷史這門科目的著作中，真正能夠稱為歷史的東西大多數已經被刪掉了。只在最近幾年，歷史家才開始給了我們

相當數量的、真有價值的知識。既然在過去那個時代裡,帝王就是一切,而人民全不算數;過去歷史中,帝王所做的事充滿了整個畫面,而國家的生活只有一個十分模糊的背景。只有到了現在,當國家的而非統治者的福利逐漸成為主要觀念時,一些社會進步的現象才引起了歷史家的注意。我們真正應該了解的是社會的自然歷史。所有能夠幫助我們了解一個國家成長和組織的知識,都是我們所需要的歷史。在這中間,它的政權我們肯定要敘述,不過其中掌權的人盡量少談,而它所表現的機構、原則、方法、成見、腐敗等等盡量多講;這種敘述不應該只有中央政權的性質和活動,地方政權一直到它們的最小部分的內容也應該包括進來。當然對宗教政權,我們也是同樣的描述 —— 它的組織,它的權力,它的行動,它和國家是怎樣的關係;同時還有禮儀、信條和教義 —— 要那些真正相信的和實際照辦的,不要那些名義上相信的。讓我們同時也了解了在社會習俗 —— 爵位、禮儀和稱謂形式 —— 中表現出來的階級對階級的控制。也讓我們了解別的調節人民生活的通常習慣,包括涉及兩性關係和親子關係的那些習慣。還有迷信,不管是那些比較重要的神話,還是常用的符咒,都要指出來。接下來應該闡述生產制度,對分工的程度進行說明,貿易如何調節 —— 由階級、行會調節還是用別的辦法;雇主和被僱用者之間的關係怎樣;什麼機

構來分配商品；都有什麼交通方式；周轉的通貨是什麼。同時，應該從技術上對生產工藝進行敘述，介紹所用的過程和產品品質。此外，國家各級文化的情況也應該講，除了教育的種類和年限，還要講科學的進步和流行的思想情況。應當講授建築、雕塑、油畫、衣著、音樂、詩歌、小說等等藝術形式中表現出來的審美文化。人民的日常生活、飲食起居和娛樂也不能忽視，也要講述。最後為了將整個連結在一起，應當揭示透過他們的法律、習俗、格言、行動可以展現出來的各階級的道德理論和實踐。要將這些事實說得簡單明確，綜合和排列應該讓它們可以從全局上了解，可以將它們視為一個大整體中的一些彼此依存的部分。目的應該是透過講述這些事實，讓人們易於發現其中的共同點，為的是弄清楚哪些社會現象和其他的哪些現象是共同存在的。對各個時代的敘述，應當設法說明每個信念、制度、習俗還有措施是如何改變的；前面的機構和作用中的共同點，是如何發展為後來的共同點的。對於一個公民調節他的行為來說，只有這種關於過去時代的知識才是有用的。只有可以稱為描述的社會學的那種歷史，才是唯一具有實際價值的歷史。而歷史學家可以完成的最高職務，就在於可以敘述一些國家的生活，來為比較社會學提供資料，並且供給資料讓日後可以探究找出社會現象所遵守的基本規律。

不過有一點要注意，儘管假定有了適當數量的、真正具有價值的歷史知識，如果沒有鑰匙，那麼還是用處不大。而這個鑰匙，只能在科學中發現。如果沒有生物學和心理學的概括，就無法合理的解釋社會現象。人們唯有從經驗中對人性有了一定的了解，才能對社會生活中最簡單的事實理解，比如供需關係。如果說，要想獲得社會學中最基本的真理，不懂得一點人們在一定情況下通常是如何思考、感受和行動是不行的話，那麼不充分的了解人們的身心的所有能力，顯然是不可能精通社會學的。對這事進行抽象的考慮，一定會得出這樣的結論：個人組成了社會；在社會中所做的一切，都是因為個人的聯合行動；因此對社會現象進行解釋，只能從個人行動入手。不過個人的行動是以他們本性的規律為轉移；如果不熟悉這些規律，他們的行動也就無從了解。而歸根到底，這些規律都是從一般身心的規律派生的。因此可以得出結論，解釋社會學，生物學和心理學是必不可少的。簡單的說，所有的社會現象都是生活現象，都可以說是生活的最複雜的表現，都是符合生活的規律的，而只能在了解生活規律時才能了解。那麼，為了調節人類活動的這個第四範圍，就像前面說的，我們得依靠科學。通常在教學科目中所講授的知識，在指導一個人做公民的行為上用處不大。他所讀的歷史，有實際價值的只有一小部分，就算是這一小部

分，他也沒有打算去正當運用。對描述的社會學，他所缺乏的不只是資料，就連那概念都缺乏；同時，那些有機物科學的法則他也是沒有的，沒有那些法則，即使有了描述的社會學也幫不了他什麼忙。

現在我們到了人類生活中剩下的一個範圍，包括閒暇時間娛樂和消遣的那個範圍。在考慮了哪種訓練可以最好的在保護自己、謀生、盡父母的職責和調節社會政治行為，現在我們需要思考的是，哪種訓練可以為這些範圍裡沒有包括的各項目的，為了欣賞文學、自然、藝術的各種形式做好準備。照我們這樣把它們推遲到那些對人類福利關係較密切的事情後面，又照我們這樣拿實在價值去檢驗所有東西；可能有人會覺得我們不免有點小看這些次要的東西。如果是這樣的話，那可真的是再大不過的錯誤。

但是，我們對於審美文化和娛樂的價值估算並不低於任何人。如果沒有詩歌、音樂、雕塑、油畫以及各種自然美所引起的情感，人生的樂趣會直接少了一半。因此我們絕不覺得這些愛好的訓練和滿足是無關緊要的，我們相信它們會在今後的人類生活中占有更大的占比，比現在大得多。到了人類已經完全征服並使用自然的力量，到了生產的方式已經非常圓滿，到了人類對勞動力的節約已經達到了最高的程度，到了已經將教育活動安排得當，可以比較迅速的為較為重要

的活動做好準備，到了閒暇的時間因此大量增加，到了這時候，藝術和自然中美的東西就會非常合理的在每個人的心裡占據很高的地位。

不過，同意審美文化對人類幸福有很大的幫助是一回事；承認它是人類幸福中所必不可少又是一回事。不管它有多麼的重要，它一定讓那些和生活職責關係密切的那幾種文化領先。像在前面已經說過的，有了讓個人和社會生活成為可能的那些活動，文學藝術的創作才成為可能；顯然，得到可能性的東西應該放在讓它可能的東西的後面。

養花的人，為了花而培育一株植物；他也承認，根和葉的主要價值就在於，有了根和葉，才會有花。但是雖然從最後的成果來看，花壓倒一切，但是養花的人非常清楚，根和葉具有非常大的內在重要性，因為花要靠它們，才能長出來。他對一株欣欣向榮的植物進行無微不至的培育，也很清楚，如果只著急要花朵，而忽略了那植物其他的部分，那是非常蠢的。我們面前也是一樣的情況。我們的確可以說詩歌、音樂、建築、雕塑、油畫等等，是文化生活中的花朵。然而就算承認它們有這樣壓倒一切的價值，以致壓倒了讓它們生長的文化生活（恐怕不好這樣說），有點還是要承認的，那就是一定要先考慮建立一個文化健全的生活；而為此服務的培育工作，一定要擁有最高的地位。

第一章　什麼知識最有價值？

　　在這裡我們教育制度的缺點暴露無遺。它為了花而忽略了植物的其他部分。為了美麗而忽略了實質。這個制度不供給對保護自己有幫助的知識；對謀生有幫助的知識，它只粗略的給了一點，而讓大部分都得日後在生活中去碰運氣；它完全沒有考慮到完成父母的職能；對於公民的職責，它給了一大堆的知識，但是有很多是無關的，剩下的那些也缺乏鑰匙；它教那些增加虛文華飾的東西上倒是相當勤奮。即使我們充分的承認精通現代語言是一項很有價值的成就，承認透過談話、閱讀、旅行，可以幫助我們獲得一些光彩；也絕對不能因此說，為了得到這一結果而犧牲那些非常重要的知識是對的。假設古典教育真的可以讓人文辭優美得體，還是不能就此說，文辭的優美得體，和熟悉教養兒童的指導原則是一樣的重要。儘管承認讀了古典詩歌對提高一個人的欣賞能力有幫助，還是不能就此認為，這種欣賞力的提升和知道健康的規律的價值是一樣的。這些才藝、藝術、純文學以及所有組成我們所謂文化之花的東西，都應該放在為文化打基礎的教育和訓練的下面。他們既然在生活裡占的是閒暇的部分，那麼在教育裡也應該占閒暇的部分。

　　既然認清了審美的真實地位，也指出了審美的培養雖然應該從一開始就屬於教育，但是應該放在次要地位；現在我們就要問，為了實現這個目的，什麼樣的知識是最有用的，

什麼樣的知識，能為剩下來的這一個活動範圍做好準備。這個問題的答案還是和之前的一樣。

這樣的說法可能出乎人的意料，但是每種最高藝術的確都是以科學為依據，如果沒有科學，不管是完美的創作，還是充分的欣賞，都是不會存在的。很多負有盛名的藝術家可能沒有具備通常大家印象中的那種狹義的科學；不過他們既都是擁有敏銳觀察力的人，就經常具有一些構成了科學最低階段的經驗概括；他們在藝術上的造詣經常遠遠沒有達到完美境地，一部分原因就是這些概括得不夠多和不夠準確。藝術作品既然都多多少少是客觀或主觀現象的代表，那麼作品就只有越符合這些現象的規律，才能越好，而藝術家又必須熟悉這些規律的內容，才能讓作品符合它們；從演繹來推論，藝術一定要依據科學這一點非常清楚了。這個演繹推理的結論，我們立即就能看出來，是符合經驗的。

準備從事雕塑的年輕人必須要對人體骨骼肌肉的分布、關聯和動作非常熟悉，這屬於科學的一部分；需要將這些東西告訴他，這樣他才不會犯那些不熟悉這些的雕塑者所犯的錯誤。力學原理也是必不可少的；我們經常發現的一些嚴重的力學上的錯誤，通常都缺乏這類知識所導致的。一座塑像，為了確保穩定，經過重心而向下的垂直線，叫做「方向線」，一定要落在支座以內，如果因此這塑像是以「稍息」的

第一章　什麼知識最有價值？

姿勢站著，一條腿直立而一條腿鬆弛，方向線則是要落在直立著的那條腿的範圍裡。然而就是有不少不了解這個平衡理論的雕塑者，在創作表現這個姿勢的作品時，讓方向線落在兩隻腳的中間。不懂得運動量定律也會導致類似的錯誤，比如那尊著名的擲鐵餅者的雕塑，如果是那樣的站著，拋出鐵餅以後，那個人必然會朝前倒下不可。

繪畫對科學知識的需求更為突出，即使不是理論的知識，至少也要是經驗的知識。中國畫之所以古怪，還不是因為它根本不顧外貌的規律，因為那種不合理的線性透視，還有缺乏空中透視嗎？兒童的圖畫為什麼錯誤，還不是通常因為不懂得事物的外貌是隨情況轉移，所以也是缺乏真實性嗎？我們只要回憶一下那些教給學生的課本和演講；考慮一下拉斯金（Ruskin）的評論，或者看一下拉斐爾（Raphael）之前的畫家的作品，你就能輕易看出來，油畫藝術所獲得的進步中，就是在如何表達自然效果這方面知識的增長。如果沒有科學知識的幫忙，觀察再認真，也難免出錯。除非知道在指定的情況下一定會有什麼外貌，否則就經常看不出來外貌，這是每一個畫家都同意的。而要知道一定有什麼外貌，就要在一定程度上懂得外貌的科學。因為缺乏科學的知識，一位畫家儘管經過了深思熟慮，卻還是將用清晰的線條，將一個格子窗的影子畫在了對面的牆上；如果他懂得半影現象

的原理，就不會這麼畫了。因為缺乏科學，羅塞提（Rosset-ti）先生看見了某種帶毛的表面，在某種特殊採光情況下出現了奇特的彩虹色現象（這是由光線經過毛髮的衍射而導致的），就錯誤的在不可能出現這種彩虹色的表面和位置上也都畫上了彩虹色。

音樂也需要科學的協助，引發的驚訝將會更多。不過我們可以指出，音樂不過是將情緒的自然語言進行理想化的過程；所以音樂作品的好壞，一定要看它是不是符合了這個自然語言的規律。因為感情的不同和強弱，而帶來的聲調上各種抑揚頓挫，是音樂產生的根源。進一步看的話，也能看出這些抑揚和頓挫並非偶然的或武斷的，而取決於某些生活活動的一般原理，所以它們可以表達情感。所以，樂句和它們所組成的旋律只在和這些一般原理協調的情況下，才能產生效果。在這裡不太容易舉例將這種情況說清楚。也許指出那一些湧進客廳裡的、一文不值的故事民歌就可以了，那些作品都是科學所禁止的。它們在科學上犯下的罪惡，就是用音樂寫下了一些觀念，而包含在這些觀念裡的情緒並沒有達到要求音樂表達的程度；它們的罪惡，還在於所用的音樂短句和所表達的觀念之間並沒有什麼的自然關聯，即使其中有一些是情緒的觀念。它們之所以不好就是因為不真實，而之所以說它們不真實，就是因為它們不符合科學。

第一章　什麼知識最有價值？

甚至在詩歌中也是一樣的情況。和音樂類似，那些有深厚感情時的自然表達方式是詩歌產生的根源。它那節奏，它那些強烈的、大量的比喻，它那些誇大的形容，它那些極度的倒裝，都不過是將激動語言的特點進行了誇張罷了。因此想作得好詩，就一定要懂得激動的語言所遵循的那些神經活動的規律。在對這些激動語言的特點進行加強和組合的時候，還要注意，要注意分寸，絕不能不加限制的使用一些方法，而應該在思想裡的情緒最淡薄的時候，要少用詩歌這種形式；在情緒增長的時候，要多使用；只有在情緒極為高漲的時候，才是盡量採用詩歌這種形式的時候。如果這些原則都沒有遵循，那麼結果不是空洞高調，就是庸俗打油。如果對它們注意不夠，就會做出說教式的詩。正式因為人們很少徹底的遵守這些原則，我們才有了這麼多的藝術性極差的詩歌。

任何一種藝術家，不只是不熟悉他所表現的現象的規律，就無法創作出真實的作品，還一定要知道他作品的各個特點是如何影響觀眾和聽眾的；這個問題屬於心理學的範疇。顯然，任何一個藝術品所產生的印象，都是以接觸它的人的心性為轉移的；這些心性既然存在一些共同的特點，那就一定會存在與其相適應的一般原理；而只有遵照這些原理，才能成功的創作出來藝術品。除非藝術家可以看出這些一般原

理是如何產生自心智的規則的，否則他都無法對其有充分的了解，更別說應用了。問一幅畫的構圖是否好，實際是問看畫的人的知覺感情是如何為它所影響的。問一齣戲編得是否好，就是問戲裡情節的安排是不是恰當的照顧到了觀眾的注意力，是不是恰當的避免了過分刺激任何一類的感情。

同樣的，在對詩歌或小說的主要部分進行構思時，在斟酌組成一句話的每個單字時，效果的好壞，就看使用了讓讀者少費精力和不過分受刺激的技巧。每個藝術家在他的教育和日後生活中都形成了一套調節自己的實踐的準則。這些準則歸根到底都會歸結到心理學的原理上。只在熟悉了這些心理學原理和相關的推論的時候，一個藝術家才可以讓自己的創造和它們相符。

我們從來都不是相信科學可以培養出一個藝術家。我們觀點是藝術家一定要了解客觀和主觀現象的主要規律，但是不是說這些規律的知識就能夠取代自然的知覺。不只是詩人，所有的藝術家也都是天生的，而不是人為的。我們的主要主張是，天生的能力一定要借助於系統的知識。直覺可以做的事很多，然而不是什麼都能做。只有天才和科學結了婚，結果才能是最好的。

我們在前面已經說過了，不只是創作藝術需要科學，充分的欣賞藝術，同樣也是需要科學的。一個成人之所以能夠

第一章　什麼知識最有價值？

比兒童看出更多的圖畫裡的美，還不是因為他對圖畫所表現的那些自然或生活中的真理了解更多？欣賞一首好詩，一個受了教育的紳士之所以會比蠢漢高明得多，還不是因為他廣泛的認識了事物和活動，這讓他在詩中可以見到眾多那蠢漢看不見的東西？如果一定要對所表現的內容多少有一些了解，才能欣賞那種表現的形式（這裡已經表明了，就是這樣的），那麼要充分欣賞某種表現形式，就一定要對它所表現的內容有充分的了解。實際上，一件藝術品多表達一分真理，觀眾、聽眾和讀者的內心就會多一分愉快，那些不知道這些真理的人，就得不到這些愉快。任何一種具有一定分量的作品，藝術家指出的現實多一些，他的能夠觸動某些方面的能力就高一些，能夠啟發的觀念也就多一些觀念，給人們的滿足也會多一些。不過要想得到這些滿足，一個觀者、聽者或讀者就一定要知道藝術家所指出的現實；而要想知道這些現實，就得具備那些科學的知識。

接下來，請我們不能忽略另一件大事，即科學不只是雕塑、繪畫、音樂、詩歌的基礎這麼簡單，科學本身就是富含詩意的。現在流行的將科學與詩歌放在對立面的觀點是錯的。作為不一樣的意識形態，說認知和情緒在某些情況下相互排斥，當然是對的。思考力的極端活動容易讓感情遲鈍，感情的極端活動同樣容易讓思考力遲鈍，當然也是對的；從

這個角度來說，各式各樣的活動都是彼此對抗的。但是如果說科學的事實一點詩意都沒有，或者說科學的修養就一定對想像的運用或美的愛好不利，那就是錯的了。正相反，科學正是在那些不懂科學的人眼中一片茫然的地方開闢出一些富含詩意的領域。研究科學的人總在和我們說，他們體會所研究的對象中的詩意，並沒有不如別人鮮明，反倒是更加鮮明清楚。任何看過休‧米勒（Hugh Miller）的地質學著作的人，或者看過路易斯（Lewis）的《海濱研究》的人，都會發現，科學根本不是在撲滅詩意，相反而是在激發詩意。

每一個了解過歌德（Goethe）生平的人，都能看出來，詩人和科學家能夠並存，並從事同等分量的活動。如果說一個人研究自然研究得多了，對它就不那麼尊敬了，這難道不是荒謬嗎？你設想一滴水，在俗人看來，這只是一滴水而已，但是一個物理學家卻知道它的元素是由一個力量集結在一起，而那力量一旦突然弛放時，都可以引起閃電，在他看來，那滴水會失掉什麼嗎？在普通人不經意的看來，雪花也不過是很普通的東西，但是對於一個曾透過顯微鏡中看見了奇妙多姿的雪結晶的人，你確定雪花不會引起他一些較高的聯想嗎？一塊上面有些平行線劃痕的圓岩石，對一個無知的人和一個了解一百萬年前冰河曾在這岩石上滑過的地質學家來說，你覺得這塊圓岩石能激起同樣多的詩意嗎？事實上，

第一章　什麼知識最有價值？

一個從來沒有做過科學探討的人對於他四周的詩意大多數的情況下都是茫然無知的。一個人如果在青年時代沒有採集過植物和昆蟲標本，那麼鄉間小道樹叢能帶給人的莫大樂趣，他有一半都不會接收到的。沒有尋找化石經歷的人，就幾乎不會知道發現那寶藏的附近有些什麼帶詩意的聯想。住在海邊，但卻沒有顯微鏡和養魚箱的人，就還要從頭了解海濱能帶給他的最大樂趣是什麼。看到許多人忙於細微末節卻將最宏偉的現象忽視了，實在令人傷心。他們沒有想過去探求了解天體的結構，卻埋頭研究和蘇格蘭瑪麗女王（Mary I）私生活有關的無聊爭辯！他們去為了一首希臘詩歌而考證辯論，但卻對上帝在地球的表面寫下的偉大史詩不瞧一眼！

所以我們看出來了，就是為了人類活動中剩下來的這一部分，正確的準備工作還是得依賴科學的文化。我們看出來了，美學通常都要以科學原理為根基，而只有了解了這些原理，工作才能獲得完全的成功。我們看出來了，批評或者欣賞藝術品，都需要懂得事物的組成，也就是要懂得這裡面的科學。我們不只看出來了科學是為所有形式的藝術詩歌服務，而且科學本身就極其富有詩意的。

到這裡，我們的問題是從指導人類活動的角度來看各種知識的價值。現在我們要從訓練方面來對各種知識的比較價值進行評判。題目的這一部分要說得相對簡單一些，不過好

在也不用長篇大論。既然已經知道為了一個目的什麼是最好的，那麼我們就能夠推論到為了另一個目的什麼是最好的。我們可以確定，最適宜於增強能力的心智練習，就包含在獲得那些調節行為最有用的各類知識當中。如果需要一種培養來獲得知識，又需要另一種培養來進行心智練習，這樣才是和自然的巧妙節約原則完全不符的。在整個生物界裡，我們隨處可見能力透過發揮原定的作用，而不是透過一些為了準備這些作用而制定的練習而獲得的發展。在追擊動物的過程中，印第安人獲得了讓他成為頂級獵手的敏捷性和靈活性；而從他生活中各項活動所獲得的體力平衡，要好於任何操練所能給予的。他那個在長期的實踐裡獲得的追蹤野獸或敵人的本領，就包含一種知覺敏感，這當中技能遠遠超過任何人為訓練所能給予。其他的情況也和這個差不多。從那些因為經常辨認要追趕或者逃避的遠距離事物而獲得了遠視能力的布西門人，到透過日常練習而可以同時加幾行數字的會計員，我們都可以得出結論，熟練的技能，來自於完成生活條件所要求的職責。我們不妨先設定這條規律對整個教育都是適合的。在指導上最有價值的教育必然同時在訓練上也是最有價值的。讓我們來看看具體的例子。

據說，在普通課程中占顯著地位的語文學習有個優點，那就是可以提高記憶力。通常認為這一點是文字學習所特有

第一章　什麼知識最有價值？

的優點。但是事實上，科學為連結記憶提供了更廣大的園地。要將太陽系的所有事情記住已經很不簡單了；要將和我們所在的銀河有關的已知一切都記住就更難了。化學中越來越多的化合物，多得也只有教授才能數得清；而要將所有這些化合物的原子結構和親和力都記住，對不是以化學為終身職業的人來說，幾乎是不可能的。地球外殼所表現大量的現象，還有其中化石所呈現的更大量的現象，就是地質學研究者需要進行多年的鑽研，才可以掌握的事。在物理學任何一個主要的組成部分（聲學、力學、熱學、光學、電學），事實多得會讓任何一個想將這些全都學會的人感到恐懼。我們再來談一下有機物的科學，這在記憶上需要更大的努力。只講人體解剖學的內容，就有這麼多的細節，以至於每個想要將這些細節牢記的年輕外科醫生，都得下五、六遍的工夫才行。地球上，植物學家辨認出了三十二萬多種的植物，而動物學家研究的各種動物，估算差不多有兩百多萬種。科學家面前累積了這麼多的事實，因此只有進行詳細的分工，才能展開研究。每個人除了具備本部門的充分知識外，只能再掌握一些相關部門的一般知識。科學就是只學到大致不差，肯定的已經進行了合適的記憶練習。至少，它在對這個能力的訓練上，是和語言一樣的好。

　　不過現在應該注意，只就訓練記憶這一點來說，科學即

使沒有比語言更好，至少也是和它一樣好；而從所訓練的那種記憶的角度來說，科學則要優越得多。在學語言的時候，心中要形成的觀念連結大部分是符合一些偶然的事實的；而在學科學時，心中要形成的觀念連結多數是符合一些必然的事實的。從某一點看，字句和意思的關係當然是自然的；這些關係的起源能夠向上追溯到一定的距離，雖然很少能追溯到起點；而這個起源的規律，就組成了心智科學的一個分支——語言科學。

但是因為不會有人主張在通常學習語言的時候，要一直追溯字句和意思的自然關係，對它們的規律進行解釋，我們就一定要承認，通常是當作偶然關係來學的。在另一方面，科學所顯示的關係是因果的關係，如果教得對，學生也是照因果關係這樣理解的。語言讓我們了解了一些不含推理的關係，而科學讓我們了解了一些推理的關係。一個只是對記憶進行了練習，另一個卻是同時對記憶和理解進行了練習。

其次要注意，作為一種訓練的方法，科學還有一個地方，比語言優越得多，那就是它還培養了判斷力。法拉第（Faraday）教授曾在皇家協會發表了一篇關於智育的演講，裡面說得很好：關於智慧，一個最普通的毛病就是判斷力的缺失。他說：「整個社會不只是不知道判斷力如何培養，而且還不知道它自己不知道。」他認為之所以會有這種情況，是因

第一章　什麼知識最有價值？

為缺乏科學的培養。顯然，他這個結論是正確的。要想正確判斷周圍的所有事物、事件、後果，前提條件是知道周圍現象是怎樣相互依存的。無論怎樣熟悉字義，都無法保證一定會做出正確的因果推論。只有經常根據材料得出結論，再透過觀察和實驗來檢驗它們，才有正確判斷的可能性。科學的一個最大的優點，就是它讓這種習慣成為必需的。

科學不僅僅在智慧訓練上是最好的，在道德訓練上也是很好的。在學習語言的過程中，如果產生了影響，就容易讓對權威已經有些過分的尊敬更增強了。這個這個就是這些字的意思，教師或字典是這樣說的；那個那個就是這件事的規則，語法裡是這麼講的。在學生那裡，這些是當作確定無疑的定論來接受的。他內心的態度一般是對這些教條式的教學表示屈從。而這會產生一個必然的結果，那就是形成對任何定論都囫圇吞棗的接受了。科學的培養，就會由此產生一個和這個完全相反的心智情調。科學經常要求每個人都用理智來分析、判斷事物。人們不應該只是根據權威來接受科學的真理，而是每個人都可以自由的進行檢驗；不只是這樣，一般還要求學生自己得出結論。他要對科學研究的每一步驟進行判斷。在他還沒有見到一件事的真實性以前，並沒有要求他接受。這樣就讓他對自己的本領有了信心；由於自然一貫的支持他的正確推論，那信心就進一步得到了增強。從這一

切來說，他就得到了獨立性，而這是品格眾多的因素中最有價值的那個。科學的培養所賜予的道德上的益處並不是只有這個。如果盡量在獨創研究的方式下展開工作（本來工作也應該經常這樣做），還能培養一個人堅毅和誠實的品格。丁達爾（Tyndall）教授在對歸納研究進行分析時說過：「那就要求耐心苦幹，自然所展示的東西，就虛心誠懇的承認。成功的首要條件就是真正的虛心，對自己的所有敝帚自珍的成見，只要看出來了是和真理相衝突的，都願意放棄。相信我所說的，一種前所未聞的、相當高貴的忘我精神，一般是透過科學的真實信徒的個人經驗表現出來的。」

最後，我們還應該肯定——這個肯定將會引起極端驚訝，對此我們並不懷疑——科學的訓練要優於我們通常教育的訓練，原因是它提供宗教的修養。當然這裡科學和宗教這兩個詞，我們不是從平常的狹義，而是從最廣、最高的涵義來理解的。科學當然反對那些打著宗教旗號的迷信，但是那個只是被這些迷信隱蔽了的本質的宗教，科學並不反對。無疑，在流行的科學中，有很多充滿了非宗教的精神，但那些真正的科學、透過表面進入精深的科學卻並非這樣的。

赫胥黎（Huxley）教授在他最近一系列演講的結束時曾經說過：真正的科學和真正的宗教是一對雙生姐妹，將一個從另一個分開，一定會讓兩邊都死亡。科學的繁榮和它的宗

第一章　什麼知識最有價值？

教性成一個非常精確的比例；而宗教的興盛，也和它所根據的科學深度還有堅實性成一個非常精確的比例。如果對哲學家的偉大成就進行剖析，就會發現比較少的是他們智慧的成果，更多的是顯著的宗教心情指導那智慧得出的成果。真理的出現由於他們的耐心、熱愛、專心忘我，也多於由於他們的敏銳的邏輯。」

並不像很多人所認為的那樣，科學是非宗教的；忽視了科學，才真是非宗教的，不去對周圍造物所生的一切進行研究，才是非宗教的。這裡可以用一個簡單的比喻。假如有一個作家每天都受到一些對他的阿諛奉承，經常有人大肆讚美他的作品的智慧、偉大、美妙，如果這些一直在讚美他作品的人都滿足於只看他作品的外表，從來都不打開書本，更沒有想要看懂這些作品，那麼這些表揚，我們應該如何估價？我們如何看待他們的真誠？以小比大，這就是普通人對待宇宙和它的造因的做法。甚至實際情況比這個還要糟些。他們不只是不研究每日宣稱為美妙的東西，而且還總罵那些在觀察自然上下工夫的人，說他們做的都是些無關緊要的，實際上，他們是對這些奇妙事蹟表現任何積極興趣的人們持輕視的態度。因此我們要重複的說，非宗教的不是科學，而是對科學的忽視。對科學的忠誠就是一種無言的崇拜，默認所學事物的價值，即意味著崇敬事物的造因。這不僅僅是口頭上

的崇敬，而是透過行動表現出來的崇敬；不只是語言上的崇敬，而是用花時間、思考和勞動證明了的崇敬。

真正的科學不僅僅在本質上是宗教的，它的宗教性還展現在於它對所有事物所表現的那些運動中的一致性產生深厚的崇敬和絕對的信仰。科學家透過經驗的累積，完全的相信了現象中固定不變的關係，因果的固定關聯，還有好壞結果的必然性。他所看見的，不是傳統信仰中所人們妄想的那種，就算違反規律還能獲得的獎賞或者可以逃脫的懲罰，而是事物的命定組成中就會有獎懲存在，只要違反了規律，就不可能逃避惡果。他看出我們所一定要服從的規律是沒有可能改變的，而且其實對人也是有益的。他看出如果遵循了這些規律，事物總是會朝越來越完美的趨勢發展，並且讓人們的幸福感越來越強。所以他就經常堅持這些規律，如果被人們違背了，他就會感到憤慨。這樣，他透過承認事物的永恆原則和遵守原則的必要性，讓他的內在的宗教性也得到了證明。

最後，加上科學的另一個宗教方面，就是只有它才能讓我們對自己有一個真正的理解，對我們與存在中一切奧妙的關係有真正的理解。科學可以將我們所能知道的一切告訴我們，同時還會告訴我們，在什麼限度以外的就是我們無法知道的了。它並非用教條式的斷語來告訴我們為什麼無法了解事物的最後，而是在各個方面，將我們帶到那個無法超越的

邊界，從而讓我們自己清楚的認知到，邊界的那邊是無法了
解的。它透過一個一切其他的事情都無法做到的方式，讓我
們意識到，人類的智慧在超出其範圍的事情面前，是多麼的
渺小。對於人們的傳統和權威，它的態度可能是有些驕傲的；
但是對於隱蔽絕對真理的那個無法透過的帷幕，它卻是謙遜
的態度：一個真實的驕傲也是真實的，同時謙遜也是真實的。
我們說，只有誠實的科學家（這裡的誠實，並不是指的那個
只去計算距離、分析化合物、標記品種的人，而是那種從追
求低階真理出發、一直在追求高階真理乃至最終發現最高真
理的人），只有真正的科學家，才能真正的理解，那表現自
然、生命、思維的宇宙全能，是如何徹底的超出人類知識和
人類理解的範圍的。

　　所以我們得出結論，為了訓練，也為了對人類的活動進
行指導，科學都是擁有其最主要的價值的。從各方面影響的
角度來看，學習事物的意義要遠高於學習字句。無論是為了
理智的、道德的訓練，還是宗教的訓練，研究周圍的現象的
優越性，都要絕對高於研究語法字義。

　　這樣我們就可以回到一開始所提出的問題，什麼樣的知
識是最有價值的，這個答案就是科學。這是綜合各個方面的
考慮而得出的結論。為了直接保護自己，為了維持自己的生
命和健康，最重要的知識是科學。為了間接保護自己 —— 可

以稱為「謀生」—— 價值最大的知識是科學。為了正當的將
為人父母的職責完成，可以進行正確指導的是科學。為了可
以解釋過去的和現在的國家生活，讓每個公民可以對他的行
為進行合理的調節，這把必需的、不可缺少的鑰匙是科學。
同樣的道理，為了可以完美的創作各種藝術，為了可以充分
的欣賞各種藝術品，需要的也是科學。而為了智慧、道德、
宗教訓練的目的，效率最高的學習依然是科學。一開始好像
非常麻煩的問題，在我們的探討之後，變得相對簡單了。我
們沒有必要去估量各種人類活動的重要程度和在各方面讓我
們做準備的不同學科；這是因為我們已經看見，從科學的最
廣義來看，學習科學是所有活動的最好準備。我們也沒有必
要在價值較大但只是習俗的價值的知識，和價值較小但是具
有內在價值的知識之間進行取捨，因為我們已經看出來了，
在別的方面價值最高的知識，就是最有內在價值的；它的價
值並非憑藉輿論而得來的，而是和人與周圍世界的關係類
似，是固定不變的。既然它的真理是必然的，也是永恆的，
那麼一切的科學就通常都是和一切經常人有關。在現在和遙
遠的未來是一樣的，人們對和身體、心智、社會方面相關的
科學進行了解，對他們的行為調節的價值肯定是無法估量的；
而他們應該對一切其他科學進行了解，作為生活的科學的
入門。

第一章　什麼知識最有價值？

　　然而，這個重要性高於其他一切的學習，在一個自誇有教育的時代中，卻幾乎沒有人關心。儘管被我們稱為文化的東西，如果沒有科學根本就不可能產生，在我們所謂的文化訓練中，科學幾乎都算不上一個明顯的因素。雖然因為科學的進步，原來只夠幾千人生活的地方現在生活著幾百萬人，但這幾百萬人當中，能對讓他們可以生存的東西表示關心的，卻只有少數的幾千人。雖然因為事物性質和關係的知識的增長，已經不只讓游牧部落變成人口眾多的國家，而且還讓這些國家中的無數人，過上了舒適和愉快的生活，這種生活是他們的少數赤身裸體的祖先不能想到或者說無法相信的；然而就是這種知識，還只是在迫不得已的時候，才為我們的最高學府所勉強承認。因為逐漸認識了一些現象中始終發生的並存情況和先後出現的次第，因為找出了一些固定不變的規律，我們才有擺脫嚴重迷信的可能。如果沒有科學，我們就會還在拜物，或者當眾犧牲人命，以此來祈求神鬼的保佑。然而這個讓我們得以將對事物的低等概念拋棄，而多少目睹了一點造物的宏偉的科學，卻被我們在神學排斥，被在教壇上鄙視。

　　這裡可以套用一個東方寓言，我們可以說在很多知識的家庭中，科學就是一個家庭苦工，默默無聞，身上隱藏著一些沒有得到公認的美德。所有的工作都被歸到她的身上，所

有的便利和滿足，也都可以歸因為她的技能、智慧和忠誠，而在一直努力為他人服務時，她卻始終被壓在後面，讓她那高傲的姐妹可以向外界賣弄她們的漂亮。這個比喻還能夠再進一步。這是因為我們馬上就要到這場戲的結尾了，是時候變換位置了；當這些高傲的姐妹遭遇她們應該遭遇的冷落的時候，被公認為最美、最有價值的科學，就要出來統治一切了。

第二章　體育

第二章　體育

　　鄉紳們在宴會結束、女士們退席以後，農民們在鄉村酒館裡或普通集市上，除了談論現在的政局，豢養動物是另一個最能引起興趣的話題。狩獵完畢、騎馬回家的時候，人們的話題總是轉會到養馬、畜種和對某個「優良特徵」的品評上；去了郊野一天，很難不聊一聊養狗。佃戶們出了教堂，路過田野，談話的主題很自然會從對牧師講道的評論轉到對天氣、收成、牲畜的評論上，然後又會聊起來各種飼料和牠們的飼養價值。霍奇和賈爾斯交流了各自養豬經驗談話中，流露出他們對主人們的牲口以及這種那種辦法的效果非常關心。喜歡談論狗窩、馬房、牛欄、羊圈的不只是農村居民。在城鎮裡面，那些養狗的手工業者，富裕、能夠偶爾去狩獵的年輕人，還有他們那些喜歡靜坐談論農業進步，或者喜歡看梅奇先生的年報和凱爾德先生寫給《泰晤士報》的通訊的老一輩，加起來也不是一個小數字了。全國的所有成年男子裡，對養育和訓練這種或那種動物有些興趣的是大多數。

　　然而，在茶餘酒後或者別的類似的交際場合，有誰聽到過有人談起如何養育兒童的事？一個鄉紳每天都要去馬房巡視，要親自檢查了照料馬匹的情況，他還會去看小牲口，給予飼養員一些指導，那麼他多長時間才會去一趟育兒室，查看一下飲食、生活制度還有通風的情況？在他的書架上，有《馬醫學》，有《農莊手冊》，還有《獵人情況》，這些書的內

容他也多少了解一些；但是，和管理嬰兒和兒童相關的書，他又讀了幾本呢？油餅在讓牲畜育肥方面的作用，各種牧草的比較，苜蓿過多會有什麼害處，是每個地主、農家、農夫都清楚的。然而他們當中，曾經問過他們為孩子們準備的飲食，是不是符合正在生長的兒童的身體需求，又有百分之幾呢？或許我們可以這樣說，這種反常現象出現的原因，是這些階級一心只是在謀利。但是這個解釋非常不充分，因為在別的階級裡也有同樣的對比。在一、二十個城鎮居民中間，不清楚剛吃飽了的馬不能拉了去跑的一定非常少，但是就在這一、二十個人裡面，如果他們都當了父親，要想找出一個曾經考慮過是否在兒童吃飯後隔了一段夠長的時間，才讓他們做功課的，就非常難了。追問一下，幾乎所有的人都會暴露，在他的內心深處，他其實覺得育兒的事和他沒有關係。得到的回答通常都是「啊，這些事都被我交給婦女們去管了」。很多時候，答話的語調就意味著照管這些事，於男性的尊嚴有損。

只要不從習俗的觀點來看這些事就會覺得真的很奇怪，為什麼這些受過教育的人，願意花時間和思考在飼養第一流的閹牛上，卻都默認教養良好的人這件事，並不值得他們關心呢？大家都覺得，一些基本只是學了語文、音樂和社交的媽媽，在滿腦子古老成見的保姆的幫助下，就可以對兒童的

飲食、衣著和運動進行安排了呢？與此同時，做父親的卻在看相關的書籍，出席農業會議，進行相關實驗，目的就是為了找到如何讓豬肥壯而得獎的辦法！為了培養出一匹能在比賽中得勝的馬，人們能夠耗費無窮的心機；而為了造就一個現代運動員，卻完全不管不顧。如果格列佛（Gulliver）所敘述拉普塔島人的奇事中，有一段是他們彼此比賽，看誰可以將其他動物的後代養育好，而毫不在意自己的後代是否得到了很好的教育，那麼這一段也足可以和他所說的別的那些奇聞相比美了。

然而這是一件非常嚴肅的事情。這個輕重對比非常可笑，它所表達的事實也非常嚴重。一個富有啟發性的作者曾經這樣說過，一個人要想獲得成就，一定首先「成為一個好動物」，而成為一個好動物組成的民族，是民族繁榮的首要條件。不僅戰場上的勝負總會由士兵的健壯程度決定，商場之間的競爭，也部分取決於生產者的身體耐力。直到現在，我們還沒有理由擔心我們在這兩方面較量體力，會輸給別的種族。

然而現在已經出現了一些跡象，我們已經離強弩之末不遠了。現代生活中的競爭非常尖銳，以至於能夠承受負擔而不受損傷的人很少很少。承受不了高度的壓力而崩潰的人數以千計。如果這樣的壓力繼續增加（情況好像就會是這樣），

那麼即使是最結實的身體，也要面臨著嚴峻的考驗。所以，在訓練兒童的時候，讓他們不只在心智方面為所面臨的爭鬥做好準備，也在身體方面做好承受得起爭鬥的過度損耗的準備，就顯得十分重要了。

幸運的是，這件事現在已經開始引發了關注。金斯利（Kingsley）先生的著作就在反擊過度的文化培養；可能和一般反擊一樣，他的稍微有些過火。報紙上偶爾讀到的通訊和評論，也顯示出現在大眾體育鍛鍊產生了興趣。有一所學校是新成立的，很有意義的為自己加上了一個外號：「肌肉基督教」，這表示，大家現在已經意識到了現在帶小孩的方法，沒有很好的照顧到身體的福利。顯然，討論這問題的時機已經成熟了。

現在我們需要做的，就是讓育兒室和學校的制度與為現代科學所公認的真理相符。是時候將我們的牛羊從實驗室研究所獲得到的那些好處，分一些給我們的孩子。我們並沒有質疑練馬餵豬的重要性，我們的主張是，造就生長得好的男子和婦女也是一樣的重要，也應該將那些理論指出和得到實踐證明的結論付諸實行。將這些觀念扯在一塊，說不定會讓不少人感到吃驚或見怪。然而人類和低等動物都是同樣為有機規律所支配，這個事實是無可辯駁的、必須承認的。無論是解剖學家、生理學家還是化學家，都會毫不遲疑的對這一

點表示認同：動物生命過程的普遍原理，和人的生命過程的
普遍原理一樣的。老實的承認這個事實並非沒有益處；那就
是可以從對動物的觀察和動物實驗中得來的概括，用在指導
人類上。生命的科學儘管還非常粗淺，不過已經發現了所有
有機體（包括人類在內）發育上的某些基本原理。我們現在
將要做的，也是我們要努力做到某種程度的，就是對這些基
本原理和兒童青年身體訓練的關係進行研究。

　　在社會生活的各個部門都能夠發現節奏性的傾向，比如
革命以後出來專制，或者在我們這裡，改良的時代和保守的
時代交替出現；放蕩的年月後會出現一段禁欲時期，過一段
時間再反過來；在商業發展過程中，通貨膨脹和經濟危機不
時再捲土重來；追求的時髦，經常從一個極端走向另一個極
端。這個節奏性傾向對我們的飲食習慣也產生了影響，進而
還影響了年輕人的膳食。一段以大吃大喝聞名的時期後，就
會有一個比較清淡的時期，以滴酒不沾和全吃蔬菜的形式，
表示對過去放縱生活的極端抗議。成人的生活制度中有了這
樣的變化，男女兒童的生活制度也會跟著變化。在過去，人
們都認為孩子們是吃得越多越好；直到現在，我們在農家和
傳統觀念遺留較多的邊遠地區，還能夠看見家長再勸兒童盡
量多吃。但是在有教養的階級當中，卻不是這樣的，他們所
表現出來的是一個相反的、趨向節食的主張，顯然是趨向於

讓兒童吃得不是過多，而是過少。在對待自己的子女時，人們的表現顯然是討厭過去的大吃大喝，但是在對他們自己身上，沒有明顯的這個表現；因為在他們個人的行為上，他們那裝模作樣的禁慾主義受到了食慾的牽制，而在管孩子們的時候，卻毫無羈絆，得到了充分的發揮。

大家都明白，吃得過多和過少都是不好的。不過將這兩個相比，還是後者更壞。一個很有權威的人曾經這樣說過：「偶然吃得過飽的影響比營養不足的影響小得多，而且還很容易糾正。」

此外，只要兒童們沒有受過不適當的干涉，過飽的情況其實是很少發生的。「飲食過量好像是成人的問題，而不是少年的，只要養育他們的人不犯錯，年輕人幾乎從不貪吃或挑食。」被許多家長視為必需的、限制兒童飲食的做法，實際上既沒有充分的觀察作為根據，在推理上也站不住腳。和國家立法的問題是太多了類似，育兒室立法的問題也是太多了，這其中害處最大的一條就是限制食物的分量。

「難道說要讓孩子們隨便吃？難道要讓他們見了好東西就吃到撐，脹出病來（他們肯定會那麼做的）？」按照這樣的說法，這個問題只能有一個答案。然而這樣的問題就對所爭論的問題，預先設了一個假定。我們的主張是：食慾既然對所有較低等動物來說是個良好的引導，既然對嬰兒來說是個

良好引導，既然對病人來說是個良好引導，既然對於散處各
地各種族的人來說，都是個良好的引導，既然對每個生活健
康的成人來說，是個良好引導，那麼就可以得出結論，食欲
對兒童來說，同樣也是個良好的引導。如果到這裡就靠不住
了，那才真的是怪事。

　　有人可能對這個回答有些不耐煩，認為可以列舉出一些
和它完全相反的事實。如果我們不承認那些事實是有關係
的，好像就過不去。然而我們這個彷彿和現象矛盾的論點是
非常有道理的。其實事情的真相是這樣的：這些人想舉出的
飲食過量的例子，雖然表面上看起來，好像在鼓勵節制飲
食，實際上正是那種辦法的後果。它們都是禁欲制度所導致
的縱欲的反應。它們在小範圍裡說明這樣一個公認的真理：
那些早年接受最嚴峻管教的人，在日後的生活當中，非常容
易流於極端放蕩。這個可以和在尼姑庵中一度屢見不鮮的可
怕現象相比：一些尼姑從極端的嚴肅，突然就墮落到幾乎是
妖魔般的腐化。這不過是長期沒有得到滿足的欲望所擁有的
無法控制的猛力的表現。考慮普通的嗜好和兒童所受的普通
待遇。孩子們幾乎是都非常喜歡吃糖果。一百個人裡，差不
多能有九十九個人都會覺得那不過是好吃，而應該和其他感
性欲望一樣，應該予以勸阻。

　　然而生理學家，因為他的發現讓他越來越尊重事物的安

排，就考慮到喜歡吃糖果是不是在一般假定的原因以外，還有其他的道理；而他去研究了以後，就證明這種懷疑有理由。他發現了糖在生命過程中的重要作用。體內的糖和脂肪最終都要氧化，而同時釋放出熱能。不少別的化合物必須要還原成糖的形式，才能成為可以釋放熱能的食物，糖的這種過程是在身體裡進行的。澱粉在被消化的過程中變成了糖，而且克洛德‧貝爾納（Claude Bernard）先生曾經證明出肝臟就是一個工廠，將別的食物成分變成了糖。糖對於人類如此必需，因此在缺乏別的來源時，甚至能夠用含氮的物質轉化成糖。當我們將兒童非常喜歡吃糖這個有價值的熱能食物這件事，和他們一般都不怎麼喜歡那個氧化時可以釋放出最大熱能的食物（即脂肪）連結起來，我們就有充足的理由想到，這是在以有餘補不足；有機體之所以想要較多的糖，就是因為它無法對付太多的脂肪。再者兒童喜歡植物酸，喜歡吃各種水果，沒有更好的，那就大嚼半生不熟的醋栗果和最酸的野蘋果。植物酸只要攝入得不過量，就不只和礦物酸一樣都是好補品，以自然的形式吃還有別的好處。一位博士說：「大陸上的人們讓兒童隨便吃已經成熟的水果；那是非常有好處的，特別是在腸胃不好的時候。」我們由此看了出來，一般對待兒童的辦法，都是和他們的本能要求不協調的。他們有兩個欲望十分突出，很可能都是身體上的某種需求的表示，然而

我們不僅沒有在育兒室裡的安排中注意這兩點，而且還存在一個普遍傾向，那就是讓他們無法得到滿足。常常早晨讓他們吃牛奶麵包，晚上是麵包奶油還有一杯茶，或者其他同樣無聊的飲食，多少照顧一下口味的做法，都會被視為是不必要的，甚至是不對的。後來結果怎麼樣？到了節日的時候，好東西供應充分，或者有人給了他們零用錢，讓他們可以去糖果店隨便買，或者碰巧有機會去果園亂跑的時候，那個長期沒有得到滿足從而無比強烈的欲望，就會讓他們過量的吃。那時的即興狂歡，一部分是因為從過去的約束中得到了解放，也有部分是因為心裡清楚明天就會又開始大齋期。到了飲食過量而得到惡果時，有人卻詭辯說，絕不可以讓兒童為他們的食欲所引導！人為的限制本身所導致的慘痛結果，卻用來作為繼續限制必要性的證據！所以我們主張用這種推理來為進行干涉的辦法申辯是錯誤的。我們的意思是，如果每天讓兒童吃一些滿足他們生理上的需求的、比較有滋味的食物，他們就再也不會像現在這樣，一有機會就吃過量了。如果按照那位博士所建議的那樣，將水果「作為正式食品的一部分」（他建議不在兩餐之間，而是在進餐時吃水果），他們也就不再會有大吃野蘋果和黑刺李的渴望了。別的情況也是一樣的道理。

　　不僅是在道理上有充足的理由相信兒童的食欲，同時，

實際上也沒有別的可以相信的引導。現在家長的判斷代行調節的職務，那判斷到底有什麼價值？當「奧利佛還要吃」時，媽媽或女教師說「不行」，她這樣說，依據是什麼？我想他吃夠了。她這樣想，又是依據什麼？她和那孩子的胃臟是否有什麼默契？她是擁有超人的、能發覺他身體的需求的視力嗎？如果沒有，那麼她是憑什麼做出這個決定？她難道不清楚軀體對食物的需求，是由很多複雜的原因所決定嗎？天氣的冷熱，空氣中溼度和氣壓高低，都會產生影響；還有所進行的鍛鍊，上一餐食物的種類和分量，以及消化的快慢，也都有所影響。她是如何計算出這些原因綜合的結果的？

有個五歲男孩，身材能比同齡的不少孩子高出一頭，勻稱健壯，面色紅潤，性格活潑。他的父親這樣說：「我找不出什麼人為的標準，可以作為給他食物的依據。如果我說『這麼多就夠了』，那其實是我的猜測；猜錯的機會和猜對的機會一樣多。既然猜測不可信，那我就讓他吃個夠好了。」而任何一個根據效果來衡量他的做法的人，都會承認他的做法是正確的。老實說，有不少家長很有把握的為兒童規定食量，恰恰證明他們一點都不懂生理學；但凡多少懂一點，他們都會比較虛心。「和無知的自負比起來，科學的自負還只能算是謙虛。」如果任何人想弄清楚我們應該如何少相信人的判斷，而多相信事物的預定安排，讓他去將沒有經驗的醫生的魯莽

和最老練的醫生的謹慎做一下對比，或者讓他看一下福比士（Forbes）爵士的著作《治病的性質和藝術》，他就會知道了，人們對生命規律知道得越多，對自己的相信就會越來越少，對自然的相信越來越多。

從食物的數量問題轉到品質問題，我們也依然能看出來禁欲的傾向。人們都認為兒童的飲食，不僅僅應該限制分量，還應該營養比較低。通常的觀點是他們只應該吃少量的肉食。如果是不那麼富裕的階級，這個觀點彷彿是從節約的角度出發，有了節約的願望，就產生了少吃肉食的看法。那些買不起太多肉的父母，在面對孩子們吃肉的要求時是這樣答覆的：「孩子們吃肉不好。」這個原本可能只是一個方便的藉口，久而久之，就成了一條可靠的信條了。如果是經濟開銷不成問題的階級，那麼一部分父母的想法是在面臨多數人的做法而出現了動搖，另一部分則是受了來自較低階級的保姆的影響，也多少是由於對過去肉食過多有反感，所以也有一樣的觀點。

然而要是追問一下這個意見的依據，通常是很少甚至乾脆沒有。它是一個並沒有什麼依據然而就經過大家的重複就被接受了的教條，就像幾千年來，都認為一定要將嬰兒層層包裹起來的教條一樣。對肌肉能力還較弱的嬰孩胃臟來說，需要相當的研磨才能變成糜漿的肉類很可能並不是合適的食

物。但是這個原因不適合去了纖維部分的肉食，也不適合兩三歲的、胃臟已經有了一定肌肉力量的兒童。

　　能夠支持這個教條的證據，不過是在很小的孩子方面有部分的正確性，在年齡較大、通常還在照這教條來管理的孩子那裡並不成立；而能夠證明這教條錯誤的證據卻是大量的而帶有結論性的。科學的判斷和一般的意見徹底相反。我們問過兩個第一流的醫生，還諮詢過幾個出色的生理學家，他們都對這個結論表示同意：兒童飲食的營養應該不低於成人，要有區別的話，應當比成人高。

　　這個結論，根據十分明顯，道理也十分簡單。只需要將成年男人和男孩子的生命過程做一下比較，就可以看出兒童要求的營養要比成人多。人要食物，目的是什麼？他的身體每天消耗多少：因為肌肉用力的消耗，因為心智活動而產生的神經系統的消耗，內臟發揮生活功能的消耗；由此而遭到破壞了的組織都得重新補充。每天他的身體還以對外輻射的形式散失大量了熱能；為了維持生命的活動，必須要保持一定的體溫，就要經常產生熱能來對這個損失進行補充；因此，身體的某些組成部分始終在氧化。補充一天中的消耗，為一天所需的熱能供給燃料，這就是成年人需要吃東西的唯一目的。現在再來看一下男孩子的情況。他也在動作中消耗了自己身體的物質，只要觀察一下他那不停的活動，就會看見按

體積比例他的消耗通常和大人一樣多。他也透過輻射散失熱能，因為按照比例，他的身體露在外面的面積比成人的大，所以散熱就比較快，按體積算的話，他所需要的產生熱能的食物也就比成人多。因此即使兒童只須進行和成人同樣的生命過程，按個子大小比例算，他需要的營養就已經比成人多了。然而除了補充身體的消耗和維持體溫這兩項外，孩子還要長大，還要增加新的組織。在完成消耗和熱能損失的補足後，剩餘的滋養就用來讓他的軀體繼續成長；要有剩餘的他才能正常生長。如果這個條件比較缺乏，發育有時也能照常進行，不過因為補償不足，身體就會比較虛弱。當然，因為一個無法在這裡說明的力學規律，在「維持」和「損害」雙方的力量對比上，比較大的機體更有優勢，而正是因為有這個優勢它才能生長。不過承認了這一點，只能讓我們更清楚，雖然一個人可以經歷不少傷身的機會而不致讓這個富餘的生命力消失得非常厲害，但是任何一個傷身的機會都因為削弱了這個生命力，一定會讓個子長不了那麼大，或者身體構造沒有達到那麼完美。正在發育的機體是多麼的迫切需要食物的補充，這一點能夠從「學齡兒童的飢餓感」總是較強，還有食欲總是恢復得較快這兩件事上看出來。加入還要更多的證據來對這種額外滋養的需求來進行說明，我們可以用這個事實作為證據：在行船遭難或其他災難導致的饑荒中，先餓

死的總是一些兒童。

既然無法否認兒童需要較多的滋養，那麼剩下的問題就是，在對這個需求進行滿足時，我們是用過量的所謂的稀淡食物呢，還是用適量的濃縮食物？從一定重量的肉類裡獲得的營養，如果換成麵包，那就要較大的重量，如果是馬鈴薯，那得更大量的了，其他都能以此類推。為了滿足能量的要求，如果營養的價值減少，那就要增加分量。那麼，對於處在成長中兒童的額外要求，是給他們數量合適的、與成人一樣好的食物，還是不顧對他的腸胃來說，就算是這種好食物也已經需要比較大的分量的事實，去給他更大量的、營養價值較次的食物，來再加總他的腸胃的負擔呢？

答案非常明顯。在消化上節約的勞動越多，就會節約下來越多的力量，留給生長活動。如果沒有大量血液和神經力量的供應，腸胃也不能正常工作；成人在飽餐一頓後會感覺比較懶散，就是這些血液和神經力量，是在讓系統整體吃虧的情況下供應胃臟的證明。如果從大量的缺乏營養的食品中獲得應有的營養，那麼和從適量的、富有營養的食品獲得相比，內臟需要做更多的工作。這個例外的工作另一面就是那麼多的能量的損失，在兒童當中，這個損失就會以精力降低或發育較慢的形式表現出來，或者兩種都有。由此可以得出推論，兒童的飲食應該盡可能既營養豐富，又好消化。

　　當然，也不能排除事實上，的確有些男女兒童能夠全吃素食或者幾乎全吃素食長大。有的屬於上層階級的兒童肉吃得較少，不過也照樣長大了，健康狀況好像也還不錯。很多勞動者的兒女幾乎沒肉可吃，可也健康的長大成人了。但是這些好像是反例的，並沒有通常想像中的那種力量。首先，早年靠著吃麵包馬鈴薯長大的人，最後不一定都發育健全了；將英國的農業勞動者和紳士，或者將法國的中層和下層階級進行比較就知道了，素食者並不占優勢。其次，不能只看個子大小，體質的好壞也很重要。從外表上看，鬆弛的肌肉和結實的肌肉一樣好，比如一個肌肉鬆軟的孩子和一個肌肉結實的孩子站在一起，從外表上看似乎差不多，但是讓他們比一下力氣，就知道有差距了。成人的肥胖常常代表虛弱。鍛鍊總會讓人們的體重減輕。所以吃較次食品的兒童的外表並不能作為證據。再次，在個子大小以外，我們還得將精力考慮進來，在吃肉階級的兒童和吃麵包馬鈴薯階級的兒童之間，精力這方面形成了鮮明對比。在心智的和身體的活力上，農夫的兒子遠遠不如紳士的兒子。

　　如果我們進行試驗，將各類動物，或者各種族的人，或者同一動物、同一個人在吃不同食物時的情況進行分析，就可以獲得更清楚的證據，來說明這個結論：精力的大小主要以食物中的營養為轉移。

牛主要吃的是草這樣缺乏營養的食物。牠一定要需要大量的草，所以就要求有一個龐大的消化系統，因此牠的四肢和軀幹相比就比較小，卻負擔了龐大的重量；運動這個沉重的軀體，消化這個超量的食物，都要花費大量的能量；因為剩餘的力量不多，所以牛這種動物就很呆笨。我們拿馬和牛做一下對比，馬的結構和牛相近，但是牠可以吃較濃縮的飲食，所以馬的軀幹，特別是腹部，和四肢相比就比較小，所以牠沒有那麼大的內臟消耗能量，也沒有那麼多要消化的食物，所以剩下的力量較多，結果就是馬的動作比較有力，也比較活躍。

如果我們再將吃草料的羊的呆板懶動，和吃肉食穀類的狗的活潑進行一下對比，就能看出來性質一致、但是程度更大的差別。去動物園一遊，就可以注意到那些肉食動物通常都在籠子裡不停的來回走，再回憶一下，是不是沒有哪種草食動物有這種展示餘力表現？這就可以看出來食物的濃縮和活動量大小之間的關係是有多麼的明顯。

這些差別並不像一部分人所說的那樣，是體質的差別，而是由於這些動物生就要吃的食物所導致的差別。在同類動物中的不同種中，也能夠觀察到這些差別，這也是這一點推論的證明。就拿各種馬來說，將那種肚子大、不活潑、沒精神的拉車的馬，和一匹腹部窄小、精力充沛的用來競賽或

打獵的馬進行比較，再回想一下，牠們的食物營養差距有多大。或者看一下人類的情況也可以。澳洲人、布西門人或者別的一些最低等的沒開化的人，主要吃一些草根野莓，偶爾加些蟲蛹和別的粗食，他們的外形都是身材矮小，肚腹脹大，肌肉鬆弛，發育不良，在爭鬥中或持久用力的時候，完全不能和歐洲人相比。像卡費爾人、北美的印第安人、巴塔哥尼亞人這樣身材健壯結實、性格活潑的未開化的民族，都是大量吃肉的。營養不好的印度人，就被吃營養豐富的食物的英國人給征服；在智力上、體力上，印度人都要低一等。通常來說，我們認為世界的歷史可以顯示，吃得好的種族通常也是有力量的種族，占優勢的種族。

當我們看到同一個動物可以做多少事，是以牠的食物中有多少營養為轉移這一點，這論點的力量就更足了。這一點已經在馬的例子裡得到了證明。放牧雖然可以讓馬長膘，但是力氣要受一些損失，這一點在讓牠做重活時就能看出來了。「將馬放出去吃草，結果導致牠的肌肉系統鬆弛」，「青草能夠讓牛長肥，好送上司密斯菲的集市賣，但是對於一匹獵馬，青草只有壞處」。很久以前，人們就明白如果獵馬在田野中度過了一個夏天，那就得在馬房餵幾個月，跑起來才能跟得上獵狗，而要一直到第二年的春天，這樣的情況才能變好。而現代人的做法，是按照一位先生所堅持的原則：「絕

對不讓獵馬『吃一個夏天的青草』，而除非是在特殊的和極其有利的情況下，絕對不把它放出去」。這樣的做法，實際上就是絕對不給牠吃青草這樣的次等食物；強力和耐力，都只能來自於富有營養的食物。這個辦法是完全正確的，就像人們所證明的，長期餵高級的食物，甚至能夠讓一匹中等的馬，具有一匹吃普通食物的第一流好馬一樣的表現。除了這些證明，這裡還可以再補充一個大家都知道的事實，要馬加倍的工作，通常的辦法是餵牠吃大豆，這種食物和平常吃的大麥相比，具有含氮或有利於長肉的更多東西。

再說，這個真理在個別的人身上也同樣清楚，甚至還更加清楚的得到了證實。我這裡指的不是那些接受體力專門鍛鍊的人，他們的生活和這個主張當然完全吻合。我們指的是那些鐵路工程承包商和他們的工人。長期以來的事實證明，主要吃肉類的英國壯工的工作效率，要比主要吃穀類的歐陸的挖土工高得多；這個差距如此之大，以至於綜合來看，那些承包了歐陸鐵路工程的英國承包商，從英國帶去挖土工是更合算的。最近，我們可以非常明顯的看出來，這個優勢是來自於飲食的差別，而非種族。因為當歐陸上的挖土工學習了他們的英國同行的生活方式時，他們的效率馬上就上升到差不多的水準。此外，我們還不妨舉出一個反證，根據我自己的六個月素食的經驗，我可以證明，不吃肉，真的會讓身

體心智的力量都降低。

　　難道這些證據還不能證明我們的關於兒童飲食的主張嗎？難道它們還不能說明，即使假設飲食中有沒有營養都能讓人們得到同樣的身高體重，但是組織的品質卻天差地別嗎？難道它們不能證明只有吃較高級的飲食，才能夠既保證生長，又維持精力嗎？難道它們不能證明這個推自道理的結論：雖然不怎麼有太多身心活動的孩子，也可能靠主要吃穀類食物對付過去；但是那些每天不僅是要形成定量的新組織、還要為大量的肌肉動作和艱苦用腦的消耗進行補充的孩子，必須要吃營養較多的食物？難道不能得出結論：如果沒有吃進去較好的食物，顯然會根據身體構造和客觀情況，要麼讓發育吃虧，要麼讓身體活動吃虧，要麼讓心智活動吃虧嗎？我們相信，那些理性的人都不會懷疑這一點。要不就是在偽裝的形式下，相信了那些進行永恆運動的人的荒謬觀點，認為力量能夠憑空得來。

　　在食物的問題即將結束的時候，我還要簡單的談一下另一個要求：多樣化。在這方面，年輕人的飲食有很多的問題。如果沒有像我們的士兵一樣被罰「吃二十天的煮牛肉」，我們的孩子們大多數都得忍受一種雖然沒有那麼的極端和長久、但是顯然也同樣違反了健康規律的單調。當然得說，他們的午餐食物多少是配了幾樣，每天也是不一樣的。但是週復一

週，月復一月，年復一年，早餐總是牛奶麵包或者麥片粥。晚餐也總是同樣的牛奶麵包，或者是奶油麵包和茶。

　　這樣的做法違背了生理學的指示。常常出現的食物所引起的膩味，和很長時間沒有吃過的東西所帶來的滿足，並不像人們隨便假定的那樣毫無意義，而是可以促進飲食的多樣化，讓它對身體有利。有很多的實驗證明，任何一種食物，不管是多麼好的食物，都很難按照合適的比例或者形式，為正常的生命過程提供所需要的一切成分；所以為了讓所供給的成分能夠實現平衡，最好的做法是經常更換食物。生理學家也明白，吃到特別喜歡的食品所帶來的愉悅，足以刺激神經，增強心臟的活動，讓血液的運行更加有力，從而提高消化的效率。這些真理都是和現代養生辦法中規定輪換食物的定理相符的。

　　需要的不只是定期更換食物，基於同樣的理由，每餐食品的配合也很關鍵。食物中的各個成分配合得當，對神經的刺激較強，這兩種情況都是比較好的條件。如果需要事實來證明這一點，我們可以這樣說：吃一頓法國式的晚餐，腸胃就比較好消化，因為雖然分量大，但是食材很多樣。幾乎沒有人敢說，同樣重量的單獨某種食品，不管烹調得有多好，也能好消化。如果誰想了解一些更多的事實，就可以去任何一本關於現代飼養動物的書裡尋找。每頓吃幾樣東西的動

物是長得最好的。有一個實驗「提供了具有決定性意義的證據，說明為了組成一種最適合胃的活動的化合物，混合幾種東西不僅僅是有好處這麼簡單，簡直是必不可少的」。

如果有人反對，可能這樣反對的人還不少：兒童的飲食還得輪換，每頓還得有好幾樣的食物，真的是太麻煩了。我們對此的答覆是，只要是有利於兒童心智的發育的，什麼麻煩都不算太大，而為了讓他們將來可以幸福，身體發育好是最重要的。再者，有一點看來是既奇怪又可悲：人們為了設法育肥豬，都可以非常愉快的忍受一些麻煩，而到了養育兒童，卻在嫌太麻煩。

這裡再提醒一下那些打算採取這裡指出的辦法的人。變革不要驟然進行，因為長期吃低等的食物讓消化系統比較虛弱，它因此無法馬上對付高級的食物。營養不良本身就是導致消化不良的原因之一。連動物都是如此。「如果餵小牛犢去了油脂的奶或乳清或其他沒有什麼營養的食物，牠們非常容易消化不良。」所以在力氣不足時，轉向吃營養豐富的飲食一定要循序漸進；力量增加了，才能再加些營養。同時還要牢記，營養的濃化也有過火的可能。好好的一餐應該是這樣的：有足夠的食物讓胃臟吃飽；按照這個要求，如果提供的食物分量不夠適當，也是錯誤的。雖然那些吃得較好的文明種族的人的消化器官，要小於吃得較差的不文明種族的人

的，雖然那個器官日後可能還會更小，但是現在所吃東西的分量，還是取決於現在消化器官的容量。不過在適當照顧到這兩方面的情況後，我們的結論，是提供給兒童食物應當是富有營養的，而且在一頓裡和連著的幾頓裡要有變化，還要豐盛。

在衣著上和在飲食上類似，通常的傾向是簡單得不恰當。這裡也有禁欲主義冒頭的跡象。有一個模糊承認卻並沒有形成明確公式的流行理論：不要考慮感覺。通常的信念好像認為感覺並非來指導我們的，而是要將我們引入歧途。這是一個非常嚴重的錯誤。我們的身體還是安排得非常不錯的。一邊引發身體毛病的原因，並不是我們聽了感覺的話，而恰恰是沒有聽它的話。壞處並不在於餓的時候吃東西，而在於不餓的時候吃東西。罪惡並不在於渴的時候喝水，而在於已經不渴了還繼續喝水。導致傷害的並非呼吸了每個健康人都喜歡的新鮮空氣，而在於在肺臟很厭惡的情況下吸進了骯髒的空氣。導致傷害的，並非進行了每個孩子都表現出來的、自然大力推動的運動，而在於一貫的不理睬自然的推動。自發的、有趣的心智活動並不會出事，只有在頭痛發熱要求暫停時卻還繼續的活動才會出事。愉快的或一般的運用體力對身體也沒有害處，只是在困頓不堪時還繼續蠻幹才是有害的。當然，對於長期生活都不健康的人來說，感覺並非

第二章 體育

一個可靠的指導。那些長年被關在室內的人，那些只有腦子動得多而身體幾乎不活動的人，那些吃東西都是按鐘點而不問腸胃的人，極有可能被他們那些已經受損的感覺引入歧途。不過他們那個不正常的、受損的感覺狀態，本身其實就是他們不聽感覺指導的產物。如果他們從小就始終聽從他們身體方面的「良心」的指導，它就一定不會麻木，相反還會非常敏感。

各種指導我們的感覺中，有冷和熱的感覺；替兒童穿衣服時，如果沒有仔細都考慮到這些感覺就是錯誤的。對於「鍛鍊」的通常看法是個嚴重的錯覺。不少兒童被「鍛鍊」得離開了人世；有些還活著的，也會在生長或體質方面吃一輩子的虧。一位博士說：「他們那個脆弱的外貌，就可以充分的說明這種做法所引發的問題，而他們總生病，就是在警告那些不動腦子的家長們。」

這個鍛鍊理論所依據的理由都極為膚淺的。有些富裕的家長看見農家的兒女半裸光著身子在野地裡玩耍，就將這件事和勞動者通常都很健康連結了起來，然後就得出了這個毫無根據的結論：衣不蔽體才有健康，並做出決定，自己的子女要少穿衣服！他完全忽略了那些在村裡空地上玩耍的小傢伙，在很多個方面都是具備有利的條件的：他們的生活幾乎全都是遊戲，整天都在戶外呼吸著新鮮的空氣，他們的身體

並沒有因為腦子負擔過重而受到影響。和表面上看見的情況相反，他們之所以可以保持良好的健康，並不是因為穿的衣服少；而是因為有了上述的有利條件，就算衣不蔽體，也滿不在乎。我們覺得這個才是正確的結論；他們因此被迫散失了體熱，結果還是免不了受害。

在體質健全、可以承受得住寒冷時，衣服單薄確實可以讓人結實耐寒，可是還是得到一個負面的結果：生長上吃虧。在動物和人類中都是這樣的。和南方的馬相比，蘇格蘭的薛特蘭馬能承受更大的風寒，但是卻長得矮小。蘇格蘭高原的牛羊生活環境比較寒冷，發育就不如英格蘭種。生活在南極北極地帶的人的身長，都照一般人的身長差得遠：拉普蘭人和愛斯基摩人身材都很矮小；火地島人可以在嚴寒地帶光著身子生活，達爾文（Darwin）對他們進行描寫時，說他們長得這樣矮小，十分可怕，以致「幾乎無法相信他們是我們的同類」。

依據科學的解釋，這種矮小是因為大量的散熱，在食物和別的情況都一樣時，這個結果是不可避免的。在前文中已經說過了指出，為了讓身體因為輻射不斷降溫而引起的消耗得到補充，就要有經常氧化食物中的某些東西。越散熱，氧化所需要的那些物質的數量也就越多。然而消化器官的能力是有限的。這樣的結果，就是它們既然不得不為維持體溫的

需求準備大量的材料，那麼就只能為軀體的生長少準備些材料了。燃料這方面的開銷過大，就要削減別的用途的支出。所以結果必然是體格較差，或者是身材矮小，或者是兩者兼具。

因此穿衣服特別重要。李比希（Liebig）曾經說過：「從體溫的角度說，我們的衣服其實就是一定分量的食物。」熱的散失減少了，維持熱能所需燃料的數量也就減少了；在準備燃料上的工作較少時，腸胃就能夠多準備些別的材料。這個推斷可以在飼養動物的人的經驗那裡得到證明。動物要想可以承受寒冷，一定是犧牲了脂肪、肌肉或毛髮，「如果那些正在長膘的牛被低溫影響了，要想長膘的速度不放緩慢，那就一定會多消耗食物。」一位先生主張要想讓獵馬的情況良好，馬房一定要保暖。養競賽馬匹的人都一致同意，要讓馬不受風寒的侵害。

這個在人種學上得到了證明、也獲得了農業家和競技者承認的科學真理，如果應用到兒童教育領域，將會釋放出更加大的力量。因為他們身材短小，發育迅速，寒冷對他們會有更大的傷害。在法國的冬天，初生嬰兒因抱去機關登記而死亡的事情屢見不鮮。一位先生曾經指出，在比利時一月分嬰兒的死亡量要比七月分高一倍。而在俄國嬰兒死亡率更高。儘管在將近長成的時候，發育不良的體格想抵擋風寒也

很難，比如在艱苦的戰鬥，中青年士兵就垮得非常快。這道理很明顯。我們早就說了，因為面積和體積的可變關係，兒童散失的相對熱量要比成人大；我們現在一定要指出，兒童所處的這種情況是非常不利的。曾經有人說過：「如果將按照同樣的分量計算，兒童產生的酸差不多是成人的兩倍。」排出碳酸的分量和所產生的熱量是成比較準確的比例的。這樣我們就能夠看出來了，即使沒有處在不利的情況下，但是兒童的身體已經要幾乎加倍的供給產生熱能的那部分材料。

那麼請看一下吧，讓孩子們穿得單薄是多麼愚笨的一件事。哪一個父親 —— 雖然已經長成大人了，散熱也比較慢，除了為每天的消耗進行補充外，並沒有別的生理需求了 —— 我們想問，哪一個父親會覺得光著脖子、手臂還有腿跑出去是衛生的？然而他雖然不想讓自己承受到這種對身體的苛刻待遇，卻硬要忍受它更難的孩子去承受！即使他自己沒有這麼做，也是曾經看見其他的人這樣做而沒有抗議。讓他記住，將多少的營養沒必要的花在了維持體溫上，就會少了多少的應用用在讓身體成長；儘管倖免了傷風感冒或別的連帶的毛病，還是避免不了發育降低或身體結構不那麼完美。

「因此規則應該是：在所有情況下，都按照一成不變的做法去穿衣服是錯誤的，所穿衣服的種類和分量，應該在任何一種情況下，都可以有效保護身體，讓他不至於產生經常任

何輕微的寒冷的感覺。」這條由科姆（Comb）博士專門指出重要性的規則，獲得了科學家和醫生的認可。具有在這方面下斷語的資格的人，沒有不大力對將兒童的四肢露在外面這個辦法給予譴責的。那些「害死人的習俗」，在這裡比在任何別的地方更應該不加理睬。

　　我曾經看見一些母親們因為追隨那些不合理的時髦，而讓她們的孩子的身體受到了損害，真的非常傷心。她們自己摹仿法國鄰居所願意提倡的每個花樣已經十分糟糕了；還在照著法國時裝雜誌，替自己的孩子們穿上一些奇裝異服，也不管夠不夠或者合不合適，真的是荒唐透頂。這種做法引起非常大的不舒服，甚至導致發育受阻或者精力受損，夭折的也不少見；而這一切的根源，就在於主張一定要按照著法國的時尚去選材料裁衣服。母親們不只是為了符合時尚，在替孩子們少穿衣服上對他們構成了懲罰，還形成了傷害；而且因為一個有關聯的動機，她們所規定的，也是一種讓健康活動無法進行的裝束。為了漂亮，所選的材料和顏色都是不適合無拘無束的遊戲的；而為了避免損失，索性就不讓他們無拘無束的遊戲。看見小傢伙在地上爬，就馬上下命令：「趕緊站起來，看弄髒了你的乾淨衣裙。」孩子離了小路，爬上了斜坡，女教師馬上就大叫：「快回來孩子，要不會弄髒你的襪子的。」壞處就這樣多了一倍。為了符合媽媽對漂亮的追

求，為了獲得客人欣羨的眼光，兒童不得不穿一些少量的單薄的衣服，而為了保持這些容易損壞的衣著整潔，年輕人那些非常自然的、很需要的不安定的活動就被限制了。在衣服不夠時對運動的需求加倍，但是又因為怕弄髒衣服而遭到了禁止。但願有這樣的想法的人能夠看到這想法的無比殘忍！我們可以確定不移的說，因為削弱了的健康，不足的精力，還有將來生活中的碌碌無為，每年都有幾千人，被他們的家長不顧一切的去追求外表而斷送了幸福；即使他們並沒有因為夭折而成為母性虛榮的摩洛克神的實際犧牲品。我們不想提出斷然處置，然而事情已經如此糟糕，看來作父親的不但應該而且必須進行斷然的干涉。

因此我們的結論是：兒童的衣著雖然不應該過多，多到熱得難受，但是應該經常讓他們不會感到全身寒冷，應該放棄一般用的單薄的棉麻或混織品，而選用像粗毛料一樣的保溫材料；應該非常結實，讓它可以承受得了兒童遊戲的用力磨損而不容易破爛；顏色應該十分穩定，不至於穿穿晒晒就褪色了。

多數人都曉得一些身體運動的重要性。可能對於體育的這個要素，不用像對別的那樣說那麼多，起碼在男孩子這方面是這樣的。公立和私立學校都可以看到比較合適的運動場，通常規定了不少戶外遊戲的時間，也都承認戶外遊戲是

必不可少的。如果其他的方面沒有看出來，那麼在這方面，大家好像都承認順應男孩的本能的推動是有好處的；現在一般規定在上下午的長時間上課後，有幾分鐘的時間進行戶外的遊戲，確實說明學校規則在一點點的符合兒童的身體感覺。因此在這個方面多提勸告或建議是沒有必要的。

不過我們承認上述的事實有一個前提，那就是一定要加上「在男孩子方面」這句話。非常不幸的是，在女孩子方面，則是另一種大不相同的事實。非常巧的是，我們每天都有做比較的機會。我們這裡能夠看見兩所學校，分別是男校和女校，這兩所學校比較起來，差別非常大。一所學校將一個大花園差不多全都變成了開闊的、鋪著小石子的院子，有供遊戲的場地，也還有供體操用的竿子、單槓等器械。每天的早餐之前還有快十一點的時候，在中午，在下午，再就是在放學後，男孩子們在外面奔跑玩耍時的叫嚷歡笑，總會驚動四鄰。我們的所見所聞都可證明，他們一直都是在專心從事一種促進血液循環、讓全身每個器官都健康的愉快活動。

「小姐們的學府」的景象卻大不一樣！直到別人告訴我們這所學校之前，我們都不知道在像男校一樣離我們這麼近的地方，還有一所女校。那裡的花園和男學校的一樣大，但是裡面沒有一點年輕人娛樂設備的跡象，看見的只有整齊的草地，散步的小徑，和普通的郊區住宅一樣，種滿了花木。

在五個月的時間裡，從來沒有能夠吸引我們的注意力的叫喊聲或歡笑聲。偶爾看見的，只是女孩子們夾著課本在小徑中散步，或者是手挽著手走。有一次，我們的確看到了在花園中，一個女孩在追趕另一個女孩；但是除了這次以外，就再也沒有見過任何用力的動作。

為什麼會有如此驚人的差別？難道女孩子的體質和男孩子是如此的截然不同，以至於她們根本不需要這些活潑的運動？難道女孩子完全沒有推動男孩子的那種好熱鬧的遊戲的衝動？還是因為在男孩子身上，這些衝動應該被視為是一種刺激正當發育所不可或缺的身體活動，而他們的姐妹自然就沒有給這些衝動任何的目的，除非是想惹女教師生氣？然而我們可能是錯誤的斷定了負責訓練溫柔女性的人的目的。我們不免要猜測在他們看來，培養得健壯的體魄不是好事，將粗壯的健康和充沛的活力視為粗鄙；而要長得嬌嫩，走路不能超過一、兩英里，吃東西又挑剔量又少，再加上看起來要嬌嬌滴滴，弱不禁風，這才算是個大家閨秀的樣子。我們沒有指誰能夠明確承認自己有這樣的看法，但是據我們揣測，女教師的心目中一定有一個這樣的理想閨秀的樣子。如果是這樣，我們就得承認，現在學校裡的做法，是非常適合這個理想的實現的。但是將這個作為異性的理想，就是一個大的謬誤了。男人一般不會被男性化的女人所吸引，這當然是毋

庸置疑的事實。比較柔弱而需要較強力量的保護，是產生吸引力的一個因素，這一點我們完全承認。然而讓男人產生這些情感反應的差別，是個自然的、早就已經存在的差別，有沒有人為的做作都會表現出來。用人為的做作反而加大了這個差異，它也就不再是吸引人的因素，而是讓人討厭的因素了。

　　「那麼就應該讓女孩子去四處亂跑，都亂蹦亂跳、大喊大叫，變成一些和男孩子一樣粗魯的女孩！」那些循規蹈矩的人們會這樣喊叫。這個，在我們看來，正是女教師們所始終擔心的。根據調查，好像在「小姐們的學府」裡，像男孩子那樣每天亂哄哄的進行遊戲，是一種過失，應該接受處罰的；我們推測之所以禁止這種遊戲，是擔心養成一些不符合閨秀身分的習慣。然而這個擔心是毫無根據的。如果男孩子可以的遊戲活動並不影響他們都成長為紳士，那麼為什麼女孩子玩同樣的遊戲活動，就會影響她們成長為大家閨秀呢？年輕人在球場上的遊戲難免是有些粗野，他們從學校離開以後，並沒有在街上亂蹦亂跳，或者在客廳裡打彈珠遊戲。在將學校的制服脫掉同時，他們也將那些孩子們的遊戲放棄了。這樣說來，如果到了適當的年齡，這種男性的尊嚴感可以有效的控制自己，不再玩那些童年遊戲，那麼難道在將近成年的時候，越來越強的女性矜持感就不能有效的讓女孩子們控制

住自己，也不再玩那些遊戲嗎？相比男人，女人更注意自己的外表嗎？難道這個不會讓她們更有力的制止所有的粗魯和喧譁嗎？那種覺得沒有女教師們的嚴格管教，女性的本能就不會表現出來的想法，真的是極其荒謬！

在這裡也和在別的地方一樣，想要挽救一件人為東西造成的惡果，又搞出另一件人為的東西。禁止了自然的、自發的運動，缺乏運動的不良後果又是如此的突出，一套人為的運動制度由此誕生，這就是體操。我們承認，這個總比沒有活動要強，但是我們不承認體操真的可以完全取代遊戲。缺點，可以分成積極和消極兩個方面。首先，體操裡這些規定的肌肉動作，必然不如兒童遊戲中裡的動作那樣變化多樣，做不到將動作平均分配到身體各部分；結果就是，因為某些部位用力多，所以疲乏得快；而且，如果總是在這個特殊的部位重複用力，還會導致發育不勻稱。再則，這辦法不只因為分配不均勻，同時還會因為比較枯燥，而讓運動量不夠。

這些單調的動作，儘管不見得因為作成了規定功課都讓人討厭，因為它們不好玩、無趣，所以也一定會很費力。誠然比賽是能夠產生刺激感的，但是並不會像有變化的遊戲的樂趣那樣持久。不過，我還沒有說反對它的最有力的理由。從體操所得到的肌肉運動，不僅是在數量上比較差，在品質方面更差。前面已經說過了提到，無趣讓人們很快就停下

了這些人為的運動；它同時還讓在身體上產生的效果要低一等。通常人都以為身體只要有了那麼多的動作就可以了，是不是引起愉快無所謂。這是個荒謬的觀點。愉快的精神興奮可以大幅度的提高精力。請看一下，一個好消息或者老朋友的來訪對病人的影響。注意一下，醫生通常都會十分謹慎的建議虛弱的病人多參加一些令人愉快的社交活動。牢記這樣一點，環境變化產生的滿足，對於健康是極為有益的。「快樂是最強的補品」，這是一條永恆的真理。由於血液循環加快了，它對每一種功能的操作都可以產生促進的作用，所以已有的健康會得到增強，失去的健康也將得到恢復。因此遊戲和體操相比，是具有本質上的優越性的。兒童對遊戲的極端興趣，還有他們進行一些比較隨便的玩耍時的痛快，和當時身體上用力的活動是一樣的重要。既然無法供給這些精神刺激，體操就一定是大有毛病的。

即使我們承認體操的運動總是比沒有運動好，也進一步承認了作為補充幫助，它們也還不錯，然而我們始終堅持，它們是絕對無法取代自然所推動的那些運動的。不管是女孩子還是男孩子，要想讓身體幸福，本能促進的遊戲活動是必不可少的。誰阻止這些活動，誰就是在阻止上天規定的身體發育方式。

還剩下一個題目，一個比上面任何一個都需要迫切考慮

的題目。有些人認為，在接受教育的階級裡面，年輕人和將要成年的人的身體狀況，都不如他們的老一輩好或者說強壯。起初聽到這種說法，我們不免將它視為又是一種頌古非今這個老傾向的表現。想起來用古代的甲冑來衡量，現代人是高於古代人的；看一下死亡統計表，也能得出一般壽命並沒有縮短，而是延長了，我們就可以忽視這個彷彿沒有根據的意見。不過再仔細的觀察一下，我們的看法又出現了動搖。如果不考慮勞動階級的情況，我們觀察到多數的情況是子女的身長不如父母的身長；而從年齡差別上做了調整後，在體重上也是同樣的結果。醫學界的人們說近來人們不如以前的人經得起勞累了。和過去相比，未老先禿的人越來越多。在年輕一代裡面，早期齲齒的數量也多得驚人。在一般精力上，對比也是一樣的顯著。上幾輩的人即使生活是那麼的放蕩，然而和現在一代生活比較拘謹的人相比，他們更能承受折磨。雖然他們狂飲晚睡，不講衛生，沒有注意呼吸新鮮空氣，但我們的近祖都可以長期辛苦勞作，而沒有毛病，甚至到了歲數大時依然精力旺盛。看一下法官和律師的紀錄就清楚知道了。然而我們這些人，十分注意身體的健康，吃不過飽，飲不過量，經常洗澡，注意通風，每年旅行，而且擁有較多的醫學知識，反倒不斷的被工作給拖垮了。已經相當的遵循了健康規律的我們，好像反倒弱於那些在不少方面

不顧健康規律的祖父們。而從年輕一代的外貌和總生病這一點來看，他們很可能還不如我們結實。

這能夠說明什麼呢？難道過去成人和兒童的飲食過量的害處，要少於我們之前說的現在流行的飲食不足？難道是由於相信了導致錯覺的鍛鍊理論，讓孩子們少穿了衣服？難道是因為錯誤的追求斯文，而禁止了少年遊戲競技？按照我們的說法，可以說對於產生這一惡果，每一個原因都是有一份責任的。然而還有一件嚴重的事情在產生著影響，有可能它的影響要超過任何其他的力量。我們這裡說的是用腦過度。

現代生活的壓力讓老年人和年輕人的緊張不斷增強。在所有的生意和職業中，越來越激烈的競爭在考驗著每一個成人的精力和本領，而想要在這極為激烈的競爭中站得住腳，他們接受到從來沒有過的嚴酷訓練。這樣就產生雙重的損害。父親們為他們越來越多的競爭者所迫，在這種十分不利情況下，還得維持一個開銷較大的生活方式，就不得不一年到頭早晚工作，既沒有什麼運動，假期又短。他又將這個操勞過度而受損的體質遺傳給了他們的兒女。這些非常虛弱的兒童，精力上承受這一般的負擔已經注定要垮臺，而他們所要學習的課程，卻比過去幾輩還未受虧損的兒童多得多。

能夠預見到的慘重後果隨處可見。不管你去了什麼地方，都能看見許多受了過度學習的損害的男女兒童和年輕

人。這個人因為體弱多病，不得不下鄉休息一年；那個人得了慢性腦充血，幾個月還沒有好，還要繼續休息一個長時期；一會你就會聽到，學校裡某些學生因為過度興奮而發起了高燒；再就是休學過一段時期的年輕人，在復學後總出現暈厥而被抬出教室。我們說的這些都是事實，而且不是我們主動找來的事實，而是在過去兩年的時間裡，我們不得不注意的事實，並且還都是一個很小的範圍內的。我們也還沒有將這些事實都列出來。最近我們觀察這些惡果怎樣成為遺傳的機會。有一位父母非常健壯的太太，她因為在一所蘇格蘭寄宿學校吃得太少，工作太多，導致身體出現了問題，一起床就頭暈。她的子女也都出現了先天不足，頭腦虛弱，好幾個人都是稍做功課，就會出現頭痛頭暈。

現在每天出現在我們眼前的，還有一位年輕小姐，她接受的大學教育讓她的身體遭受了終身性的傷害。那時她的功課負擔十分重，讓她沒有多餘精力進行運動。她現在大學畢業了，卻變成了一個病號。她的飯量不大，而且十分挑食，這不吃那不吃，主要還不吃肉；即使是在夏天，也經常手腳冰涼；她的身體弱得只能緩慢散步，也只能走一會；一上樓就出現心悸；視力非常差 —— 所有這些，再加上發育不全、肌體鬆弛，就是大學教育導致的一部分結果。除了她以外，我們還能舉出她的一個同學的例子，她的身體同樣非常虛

弱，連幾個朋友安靜的聚會都會讓她興奮得暈了過去，最後只能接受了醫生勸告而休了學。

　　如果像這樣顯著的損害已經如此屢見不鮮，那麼那些較小的、沒那麼顯著的損害就該有多麼的普遍。如果出現了一個過度用功導致生病的例子，那麼差不多就至少有半打毛病還沒有浮出水面、還在慢慢累積的例子——因為某個特殊原因或體質脆弱而經常出現功能紊亂的例子，身體發育緩慢或過早停頓的例子，潛伏的結核病發作的例子，或者有發生那些現在常見的、成年生活勞動導致的大腦毛病的傾向的例子。人們見到了操勞的職業或商務人員的易患疾病，又想到過度的用功在未發育的兒童身體上一定會導致更糟的後果，大家都會知道了這樣對健康會形成普遍的損害。青少年既無法像成人那樣受那麼多的苦，又無法勝任那麼多腦力工作和體力工作。那麼就判斷一下，如果成人因為用心過度受苦，讓青少年在心智上用功，時常是照樣過度，那損害該有多大！

　　真的，當我們對通常執行的緊張的功課練習了解一下時，最令人瞠目結舌的其實不是它產生的極端損害，而是它居然能夠承受得了。這裡用福比士爵士親自調查的結果作為例子，他經過大量的調查後，認定這個是英國各地中產階級女子學校普遍的生活制度情況。現在我們把其中時間的小段落刪掉，羅列一下 24 小時整體生活安排：

□ 睡眠，9 小時（年幼的 10 小時）

□ 在校上課和自習，9 小時

□ 在校或在宿舍，年長的自由學習或工作，年幼的遊戲，
3.5 小時（年幼的 2.5 小時）

□ 進餐，1.5 小時

□ 戶外運動，規定是散步，也總帶著課本（前提是天氣
好），1 小時（每 24 小時）

這個被福比士爵士稱為「驚人的生活制度」，成了什麼樣的結果呢？當然是黃瘦、虛弱、精神差和普遍的不健康。不過他描述的還不光是這些。因為對心智的培養極端關心而完全忽視了身體的福利，用腦過度而四肢缺乏運動，他發現這樣的後果不只是讓功能出現紊亂，還會引起畸形。他說：「最近我們在一個大城鎮裡訪問了一所寄宿學校，這裡有四十名女生，經過一番詳細準確的調查，我們知道了在校已兩年（有這麼久的是多數）的女孩子，沒有一個不是多少有些駝背的！」

這些資料寫於西元 1833 年，可能自那時以來，已經有了一些進步。我們希望是這樣的。然而我們能夠親自證明這樣的辦法還在流行，而且有的時候還更極端。

我們最近對一所年輕男子的師範學院進行了調查，這是一所近年來新建的學院，主要是為學校培養合格的教師。這

裡有政府進行著監督，應該能夠看見比私立學校女教師的判斷水準高一些的東西，我們看到了這樣一套日常作息時間表：

☐ 6 時，學生被叫起床

☐ 7 時到 8 時，學習

☐ 8 時到 9 時，讀聖經，祈禱，吃早餐

☐ 9 時到 12 時，學習

☐ 12 時到 1 時，休息，名義上是安排了散步或別的運動，但經常被學習占用

☐ 1 時到 2 時，吃午餐，一般為 20 分鐘

☐ 2 時到 5 時，學習

☐ 5 時到 6 時，晚茶和休息

☐ 6 時到 8 時，學習

☐ 8 時到 9 時，自習，預習第二天的功課

☐ 10 時就寢

　　這樣，在 24 小時當中，用來睡眠的有 8 個小時；用來穿衣、祈禱、用餐和附帶的短短休息的有 4 小時零 1 刻，用來學習的有 10 個半小時，而用在運動上的有 1 小時零 1 刻，這是自由的，但是經常免掉了。可是，學習可不只是在規定的 10 個半小時裡，因為學習經常會占用運動的時間，這樣就增

加到了11個半小時，還有的學生早晨4時就起床來預習功課；而且教師對此還是鼓勵的態度。在規定的時間內要學完的課程是如此的廣泛，教師們又想透過學生的考試成績出色來表現他們的成績，所以也十分緊張，以致在他們的引導下，學生們每天花在智力勞動上的時間長達12到13個小時，一點都不稀罕！

不用預言家，就能夠知道這樣緊張的學習一定會傷害身體。我們聽過學校裡的一個人說，入校時氣色非常不錯的人很快就變得面色灰白，總生病，學生裡總會有一些病號。食欲不振、消化不良的現象隨處可見。腹瀉非常常見，所有的學生中，經常有三分之一都得了這種病。學生普遍都覺得頭痛，有人幾個月來差不多是天天都頭疼。還有一部分人是徹底垮了，乾脆離開了學校。

這居然是一個在現在如此開明的社會裡所設立和監督的某種模範學校的制度，真的是令人大吃一驚。因為嚴格的考試制度，準備的時間又很短時，人們竟不得不採取一種必然傷害受教者健康的辦法。這如果沒有被證明是居心殘忍，那麼就會被證明是無知得可憐。

無疑這種情況多半是個個例，可能只在同等的其他學校中存在這樣的現象。然而這種極端情況的存在，就非常能說明年輕一代的心智負擔有多麼重了。這些師範學院的要求，

也就是受了教育的一些人觀念的代表，儘管不要別的證據，就已意味著在培養學生的辦法方面，操之過急已經成為一個普遍傾向。

彷彿非常奇怪，通常人們都能意識到兒童期的教育過多是危險的，但是很少能夠意識到青年期教育過多也是危險的卻非常少。多數家長多少都清楚嬰兒早熟產生的惡果。在任何一個社會階層，都能聽到人們對那些過早刺激小孩心智的人的指責。越清楚這個效果，對於這個早年刺激的擔心就越大。一個非常著名的生理學教授告訴我們，他的小兒子，打算在他八歲以前，任何功課都不學。然而儘管大家都很清楚過早的刺激兒童心智的發育會讓他們身體虛弱，甚至愚笨、夭折這個真理，卻彷彿沒有看見，這個真理對青年期也是一樣適用的。事實上這是毋庸置疑的。能力的發展，是有其一定的順序和速度的。如果教育的過程和這個順序和速度相符，那就非常好。如果不符合，如果給他一些過於抽象複雜、他不好吸收的知識，很早的就為他增加了要求能力較高的負擔，或者如果因為過度的培養，讓心智的一般發展超過這一年齡的自然水準，所獲得的不正常利益就會難免的帶來某些相等甚至更多的害處。

自然是一個十分嚴格的會計師，如果你在某個方面所要的，比她準備給你的多了一些，她就會在別的地方少給你一

點，以此來平衡她的帳目。如果你讓她完全遵循她自己的打算來走，設法為她供給一些種類對頭、分量恰當的各年齡身心發育所需的材料，那麼最後她會做出一個各方面差不多平衡發展的個人。然而如果你非得要某個部分早熟或過分的發育，她會先表示不服，然後會同意這麼做；但是為了進行你所要的額外工作，她就不得不放下一些她更重要一些其他工作。永遠別忘記了，不管在什麼時候，身體的精力都是有限的；因為有限，所以就無法從它那裡得到超過定量的結果。兒童和年輕人對精力擁有多樣的、迫切的要求。前面已經說過了，需要對一天身體運動所造成的消耗進行補充，需要對一天學習對於大腦的消耗進行恢復，一定的身體還有大腦的成長也都要照顧到，此外，還得將滿足這些需求的大量食物消化。

在這些用途中的任何一個投入過多的力量，就得將用在其他用途中的力量減少。這一點的道理非常明顯，事實上，每個人也都可以從自己的經驗裡得到證明。每個人都知道，比如將一頓飽餐消化，對於軀體的要求是這麼的大，以至於身體精神都出現了鬆懈，甚至直接讓人睏得想睡覺。所有人也都知道，過度的體力運動就降低思考能力：不管是突然用力後的暫時困頓，還是走了三十英里後的疲倦，都會讓人不想多用心思；徒步旅行了一個月，心智上的惰性，得好幾天

第二章　體育

才能完全克服；那些一輩子都從事肌肉勞動的農民心智活動
就非常少。還有一條真理大家也很熟悉，兒童有時候身體發
育得非常快，而這時候他們一般會出現身體和心智的困乏，
這就說明有很多的力量被消耗了。再一個，剛吃完飯就進行
劇烈的肌肉活動，會讓消化停止，而很小的時候做苦工的兒
童發育會停頓，這些事實同樣是這個對抗存在的明證；也同
樣可以說明，朝一個方向的活動過度，就會讓朝別的方向的
活動不足。在極端事例中都如此明顯的規律，在任何情況下
也都是一樣的。輕微和經常的過分的要求也肯定的會導致力
量的分散和不好的影響，道理和那些極大的和突然的過分要
求是一樣的。那麼，如果年輕時智力勞動的開銷就超過了自
然正常安排的量，那麼給其他方向的支出就會無法達到應有
的量，而就會產生這種或那種惡果，這是不可避免的。讓我
們簡單的看一下這些惡果。

如果腦的過度活動沒有超出正常活動太多，那麼對於身
體發育的影響就會是很輕微的：身高比本來能夠長到的要矮
一點，或者體重比本來能夠達到的輕一點，或者身體組織的
品質稍微差一點。一定會產生一個或者幾個這樣的後果。在
用腦的時候，或者過後對腦中的物質消耗進行補充的時候，
那些供給腦部的超量血液，本來是要運行在四肢和內臟裡
的，而那些原本打算靠這血液供給的材料來進行的補償和發

育，現在全都落了空。物質的反應既是肯定的，問題就在於從過度的培養裡得到的，是不是等於失去的？—— 身體發育不良，或體質較差，從而沒什麼活力，耐力差，這些是不是都能夠透過多獲得一些知識來得到補償？

當用心大為過度的時候，後果就更嚴重了，不只會影響身體的健康，還會影響到大腦本身的健康。伊西多（Isidor）先生曾經提出一個生理學規律，而路易斯先生在他的作品《侏儒和巨人》中也曾透過這個規律引起人們注意的，那就是生長和發育存在對立。

在這個對立的意義上，生長是指長大而發育是身體結構的增加。毛蟲和蛹是個大家都熟悉的例子。毛蟲的個頭長得非常快，但是牠的構造並不比牠的小時候更加複雜。而蛹並沒有長大，在動物生命的那個階段甚至重量還減輕了，但牠投入了大量的活動，為了形成一個更為複雜的構造。這裡這個對立是十分明顯的，不過在高等動物那裡，較難看出來，因為這兩個過程是結合在一起而進行的。但是如果將男女兩性進行對比，那麼就容易看出來了。女孩子的身心發育迅速，而生長停止得較早。男孩子不一樣，他們的身心發育較慢，不過會長得較大。在年齡一樣的情況下，一個業已長成、成熟，所有的能力都已經充分的具備；而另一個的生命力量卻多數投入到軀體的長大裡面，構造上還算不上齊全，

而表現出來，就是身心比較笨拙。這個規律，對於肌體的任何一部分和整體來說都是一樣的。任何器官在構造上迅速的、不正常的推進，都會讓它的生長早期停頓；而這種情況，在心智的器官上，與在任何別的器官那裡一樣，是必然會發生的。早年體積比較大不過構造不完善的腦，如果被要求去透過過度活動發揮功能，那麼在構造上，它的發育就會大於這個年齡所應達到的水準；然而最終的結果會是，它沒有達到本來能夠達到的大小和力量。為什麼早熟的兒童，和在某段時期內一帆風順的年輕人總會停滯不前，而讓他們家長的厚望成空，這是一部分的原因，不過通常是主要的原因，

　　儘管教育過度的這些結果已經如此慘重，或許還有更慘重的，那就是對健康的影響──變態的情感，損害了的體質，虧損了的精力。生理學的最近科學研究發現已經證實了腦對於身體功能的影響有多麼大。消化、循環和透過它們達到的別的所有有機過程，都會受到大腦興奮的重大影響。

　　我們看過韋伯（Weber）首次創作的實驗的重演，這個實驗是測試刺激連通腦和內臟的迷走神經的結果，無論誰看見這個反應──刺激這個神經時，心臟的動作會突然停止，刺激停止就會慢慢恢復，再刺激就再停止──都會對於過勞的腦對身體的壓制影響形成一個清晰的概念。從生理學上這樣說明的效果，也可以在通常經驗中得到證實。無論是誰，

都會在渴望、懼怕、憤怒、歡樂時覺得心跳，而沒有誰會注意到在情感這樣比較強烈時，心臟的動作是多麼的費力。雖然有不少人從來都沒有遭受過那種讓心臟停止跳動或讓人昏厥的極端情緒興奮，不過每個人都是清楚這裡面的因果關係的。內心的興奮如果超過了某種強度，就會導致腸胃毛病，這個事實也是大家所熟悉的。食欲不振既可以是精神非常愉快的後果，也可以是精神十分痛苦的後果。飯後不長時間就發生了讓人愉快或痛苦的事，就少不了腸胃要將吃下去的食物嘔出來，或者非常費勁、勉強的將其消化。

任何一個經常用腦的人都可以證明，即使是單純智力的活動，如果過度了，也能夠產生類似這種的後果。在這些極端例子中腦和身體的關係已經是這樣的明顯，在通常的較不顯著的情況中也都是同樣的。和這些強烈但短暫的大腦興奮產生強烈但短暫的內臟擾動一樣，沒那麼強烈但持久的大腦興奮，就會產生沒那麼強烈但持久的內臟擾動。這不只是一條推論，而是一條真理，每個醫生都可以為其作證，還是一條我們都可以用親身經歷為其作證的真理。很多各種程度各種形式的、需要幾年的強制休息才能部分痊癒的病，都是長期過度用心的後果。有時的主要是心臟受影響：習慣性的心悸，脈搏極其微弱，而最常見的是脈搏的次數從每分鐘 72 次降到 60 甚至更少。有時是腸胃出現了毛病：讓生活成為負擔

的消化不良，除了時間以外，沒有別的辦法。很多的情況是心臟和腸胃都有了問題。睡眠通常不安而且時間還非常短。很常見的還有心情憂鬱。

接下來考慮一下過度的心智興奮會為兒童和年輕人帶來多麼大的損害。超過正常分量的用腦，不可免的導致身體上的擾動，即使不足以產生明顯的病症，也一定會讓體質慢慢的受到損傷。消化不良，食欲不振，循環虛弱，出現了這些問題，一個正在發育中的身體，怎麼可能欣欣向榮？每個生命過程的正常工作都離不開良好血液的適量供給。如果好血不夠，那麼液腺就無法正常的分泌，內臟就無法充分的盡它的職責。好血不夠，神經、肌肉、薄膜和別的組織也無法獲得有效的維修。好血不夠，身體的生長既做不到健全，也做不到充分。那麼我們不妨判斷一下，一個正在發育中的身體，由一個十分虛弱腸胃供給數量不夠多、品質不夠好的血液，再由一個疲軟無力的心臟將這些量少質差的血液不自然的、緩慢的推向全身，這將會有多麼糟的後果啊。

如果像對這件事進行過調查的人所一定會承認的，身體健康下降是學習過度所導致的，該對前面所描述的硬塞知識的辦法予以多麼嚴厲的譴責。不管從什麼角度來看，那個辦法都是荒謬之極的。從單純獲得知識的角度來看，這是個錯誤。心智和身體一樣，速度超過了一定的範圍就無法吸收了；

而如果你提供材料的速度過快，讓它不能吸收，那麼不久它還是會喪失掉。這些材料並無法在心智中組合到一塊，在它們應付了考試後不久，就從記憶裡溜走了。這個辦法的錯誤還有一點，那就是它讓學習變得討厭。要麼因為持續的心智緊張活動產生了苦痛的聯想，要麼是因為它在腦裡留下了一個不正常的狀態。硬塞知識的辦法經常導致人厭惡書籍；這樣不僅不能讓人獲得合理的教育所培養的那種自學能力，反而還會讓這種能力不斷的下滑。這種辦法的錯誤還在於這個辦法假設獲得知識就是一切，而忘了組織知識，那個需要時間、需要獨立思考的工作才是更重要的。正如洪堡在提起一般心智進程時所說的那樣：「當描述工作被堆積的大量的零星事實所勞累時，對於自然的解釋就弄模糊了。」對於個人的心智進程來說，過多的、消化不良的知識，也能說是在心智增加負擔，或者說製造障礙。作為心智脂肪儲備起來的知識並沒有什麼用處，有用的只是心智的肌肉。然而錯誤還更深一層，即讓這個辦法可以產生心智效率（實際上它並沒有這個可能），它還是不好；因為，如我們在前面已經說過的，心智訓練在生活爭鬥中有用的前提是體力的充沛，而這個辦法卻為這充沛的體力造成了致命的傷害。那些急切的想要培養兒童心智而置他們的身體於不顧的人，都忘了這樣一點，社會上的成就更多靠的是一個人的精力，而不是知識；執行

一個在硬塞知識時於精力有損的辦法，就是在自找失敗。有了從豐富的動物活力中獲得的堅強意志和不倦的活動，就是在教育上存在較大的欠缺，也是可以彌補的；而如果配合上不必賠上健康就能得到的、頗為合適的教育，就可以確保可以非常輕鬆容易打敗那些過度學習而身體虛弱的對手，即使後者在學問上表現出了天賦。一個較小的、工作得較差的引擎在高壓下工作的表現，會好於一個大的造得好的但是在低壓下工作的機器。那麼在造引擎時，損壞了鍋爐讓它無法發出蒸汽，那該是有多麼的愚笨！再說，這個辦法的錯誤還有一點，那就是它涉及了錯誤的預估生活幸福。儘管假定它可以讓人在世上成功而不致失敗，但是因為導致健康受到影響的後果，還是會帶來超過等量的災難。如果有錢的人總得病，那麼發財又有什麼用？如果盛名伴隨著一些無名的憂鬱，那麼出名的價值又展現在哪裡？這一點肯定不用告訴任何人，脈搏有力，消化良好，情緒高漲，是任何身外利益都比不了的幸福因素。長期的身體問題讓最光明的前途也蒙上了陰影，而有了強健的活力，即使境遇暫時不幸，也可以綻放金光。所以我們認為這種過度的教育在任何一個方面都是壞的：壞在給予一些過不了多久就忘的知識；壞在導致厭惡知識；壞在忽視組織知識，而這個的重要性要高於獲得知識；壞在削弱或損耗精力，而缺了它訓練好的心智就沒什麼用處；

壞在產生健康不良，即使獲得了成功也補償不了，而失敗了卻要品嘗加倍的痛苦。

　　和男人相比，這種硬塞知識的辦法對女人的傷害更大。因為那些活潑有趣的男孩子們用來減輕學習過度害處的身體運動，通常都沒有女孩子的份，她們感受的是非常厲害的害處。所以她們當中，成為健全良好的人的比例更小。在倫敦客廳裡，經常能夠看見那種面黃肌瘦、胸部不發育的年輕小姐，這就是埋頭伏案、缺乏遊戲來調劑的後果。身體屠弱為她們幸福造成的阻礙，遠大於她們那些才藝為她們帶來的幫助。想讓自己女兒漂亮動人的媽媽們，再也不會找到一個比這個為了心智犧牲身體的辦法更糟的途徑了。對於異性的審美觀念，她們要不是完全沒有顧及到，要麼就是想像錯誤。男人們其實不怎麼在乎女人的博學，卻很在乎身體的美、性情的好和見解的對。博學多聞的、憑藉自己廣泛的歷史知識而找到對象的小姐有幾個？有哪個男人愛上一個小姐，是因為她懂得義大利文？因為由於安捷琳娜會德文而拜倒在她裙下的愛德溫去哪裡找？然而紅潤的臉頰、活潑的眼神，卻是極其富有吸引力的。欽羨的目光全都落在了豐滿結實的體型上。精力充沛所產生的活躍風趣對建立感情是非常有幫助的。任何人都了解一些例子，說明只要身體健美，即使一切別的優點都沒有，也可以激起一種將一切掃除的熱情；然而

　　幾乎沒有誰可以舉出一個這樣的例子：道德上或身體上沒有特點，只是靠智慧上的成就，就可以引起這種情感。真理是這樣的，在按不一樣的比例結合、在讓男人心中產生被我們稱為愛情的那個複雜情緒的諸多因素裡面，身體的吸引力所產生的那些因素是最為強有力的。而力量差一些的，是道德吸引力所產生的那些因素。而憑藉心智吸引力所產生的那些因素是最差的；即使在這些因素中間，還是主要靠敏捷、機智、見解等自然的能力，而不是獲得的知識。如果有人覺得這種說法有傷體面，而譴責男人的性格不應該偏好這方面，那我們就會答覆他們真的是不知所云，居然懷疑上天的安排。即使這種安排沒有十分明顯的道理，但我們還是可以肯定它對實現某些重大的目的是有幫助的。而對進行考察的人們來說，道理是顯而易見的。自然的目的之一，甚至可以說是它的最高目的，就是後代的幸福；而從後代的角度來看，如果體質是壞的，那麼培養得好的智慧並沒有什麼價值，因為它的子孫用不了一、兩代就會死絕；而如果反過來，擁有了一個好的體質，不管它具有的心智天賦有多麼的貧乏，還是值得保存，因為在將來的各代中心智的天賦可能無限制的發展；從此我們就能夠看出來，之前說的本能安排有多麼的重要。

　　不過先不說優點，既然本能是這麼安排的，還一定非要讓女孩子們記憶過多的東西而導致她們的體質受到損害，這

是多麼的愚笨。盡可能多的讓她們接受教育，越多越好，只要不影響身體（這裡順便提一下，只要做到了少培養鸚鵡的能力，多培養些人的能力，只要將訓練延長到離開學校以後、結婚之前那段現在被浪費了的時間，高標準的教育還是可以達到的）。然而教育的方式或程度如果讓身體受到了損害，那就會讓費力、花錢、著急去追求的目標全部落空。家長們將這種高壓力的辦法強加在自己的女兒身上，往往將她們生活的前途給毀了。除了會讓她們的身體虛弱，對所有的事情都感到苦惱、軟弱無力和無精打采以外，還有可能讓她們命定獨身，這樣的事情並不少見。

綜上所述，兒童的體育在各個方面都存在嚴重錯誤。錯誤是吃得不夠，穿得不夠，運動不夠（至少對女孩子來說是這樣的），而又用腦過多。從整個制度的角度來看，錯誤的傾向是要求太苛：要得多，而給得少。在精力負擔的角度來看，它讓幼年的生活過分的像成年的生活了。它忽視了這一條真理：既然在胎兒期，所有的生命力都用在了生長的方面；在嬰兒期，用在生長方面的生命力如此之多，以致只剩下很少分量的用於身體或心智的動作；那麼在整個兒童期和青年期裡面，生長也是其他所有都一定要服從的最高要求。於是這個要求就決定，要是給得多而取得少，這個要求就要按照生長的速度，來對體力和智力的運用進行控制；這個要求就

只允許根據生長變緩的程度，來增加身心的活動。

這種高壓力的教育，是我們現在即將過去的文化階段的產物。在原始時代，侵略和防禦是第一位的社會活動，身體健壯、兼具勇氣是最需要的特質；那時的教育幾乎全都是針對身體的教育，很少顧及心智上的培養，而且比如在封建時期，還經常被人輕視。眼下我們既然處在比較和平的社會當中，除了體力勞動，肌體的力量用處不多，各種社會成就很大一部分靠的都是智力；我們的教育就大轉彎，變成了幾乎都是針對心智方面的訓練。我們現在不再是重視身體，忽視了心智，而是反了過來。這兩種態度都是錯誤的。我們還沒有意識到這樣一條真理。在我們這樣的生活裡面，身體既是心智的基礎，發展心智就不能讓身體吃虧。古代和現代的兩個想法一定要結合在一起。

為了讓身體和心智得到兼顧這一天早日到來，宣傳保持健康是個責任這一信念也許可以發揮最大的作用。現在好像只有少數人意識到還有對身體的道德這麼一碼事。人們慣常的言行都顯示他們覺得自己有任意處理自己身體的權利。因為違反自然的指示而導致的一些毛病，僅僅被他們視為是一些值得抱怨的事，而非一些犯罪行為的後果。儘管這些行為為他們家屬和後代帶去的惡果，經常和犯罪所引起的後果是一樣大的，然而他們從來都不認為這有什麼罪。當然如果是

酗酒了，是承認了身體過失的罪惡；然而好像並沒有人因此得出結論，如果這一件身體過失是罪惡，那麼每一件身體過失也全都是罪惡。實際上，一切違反健康規律的事都是身體的罪惡。到了大家都承認這一點時，或許非要到那個時候，年輕人的鍛鍊才能獲得應該有的關注。

第三章　演化論

演化的規律

　　演化是物質和伴隨著運動的消耗的統一；在演化的過程
裡面，物質從不確定的和無條理的同質性轉變為明確而凝聚
的異質性；同時，所保持的運動也在經歷著一樣的改造。

　　以上演化的規律適用於每一種獨立的存在。然而，這樣
的進行歸納，沒有將存在視為構成一個自然整體所具有的完
整性。當我們想把演化劃分為天文學的、地質學的、生物學
的、心理學的還有社會學的演化時，同一個變質規律，對所
有的部分都是適用的，這個在一定程度上可能是巧合。不
過，如果我們承認這些部分只是傳統的組合，有利於知識的
整理和獲得，如果我們將它們各自處理的各種不同的存在視
為一個宇宙的組成部分，我們就馬上會認知到具有某種共同
特性的若干種演化是並不存在的，而有的只是以同樣方式到
處進行著的一個演化。我們反覆觀察到這樣的情況：當任何
整體演化的時候，總是進行著整體自行劃分的很多部分的演
化；然而，這種情況同樣適用於內部從最大到最小的各部分
組成的事物的全部嗎？我們並沒有觀察到。我們都很清楚，
當像人體這樣一個在物質上凝聚的集合體越來越大，具有它
一般的形態時，人體的任何一個器官也在發生同樣的情況；

當每個器官在逐漸長大，變得和別的器官不一樣的時候，各器官的組成組織和脈管進行著整合和分化；甚至這些組成部分的成分也在各自增長，成為相對較為明確的異質結構。不過我們還沒有充分顯示，人體從一個小的部分開始，上升到較大的部分，這種變化的同時性是一樣的明顯，就是說當任何一個體發展的時候，社會，由個體作為一個不重要的單位所組成的社會同時也在向前發展；在構成社會的集合變成相對較為明確的異質體時，社會作為一個微不足道的部分所構成的整個集合體也就是地球，同樣變成相對較為明確的異質體；當體積還沒有太陽系的百萬分之一大的地球朝著集中而複雜的結構方向演化時，太陽系同樣也在演化；甚至太陽系的變化，也不僅僅是我們同時進行著變化的恆星系的幾乎沒有感覺到的部分的變化。

如果照上面這樣的理解，演化就變成只是原則上的演化，還是事實上的演化。並不是有同樣進行著的變化，而是存在一種普遍的進行著的變化，在任何一個地方都不曾出現過相反的變化。在整個空間裡任何的地方，無論地方大還是小，占有空間的物質獲得能夠以感覺到的個性，或者可以和別的物質相區別，就都存在正在進行的演化；或者不如說，這種能夠感覺到的個性的獲得就是演化的開始。無論集合體的大小，無論這個集合體是不是包含在別的集合體裡，也無

論包含它自身演化的很多寬廣無垠的演化，上面說的這些情況始終都是一致的。

　　這樣我們就得到了第一個結論，那就是，任何有限的同質的集合體一定透過它的各部分不同程度的暴露在偶然的力量面前，也就無法避免地失去它的同質性。我們曾經說過，各式各樣的力量產生各式各樣的結構，這些力量在各式各樣的條件下發揮著作用，這已經在天文學的演化中進行過說明了。在我們天體進行著的大大小小的變化中，能夠看見一樣的因果關聯。有機的微生物的早期變化還可以提供進一步的證據，對附近各種力量的關係的相異性，產生結構上的相異性，任何一個物種的處於不一樣地位的各個分子都具備分叉成很多不一樣品種的傾向，更是讓這個證據的力量更強了。我們現在發現，社會的各部分之間產生的政治還有工業方面的各式各樣的差別，能夠說明一樣的原理。因此，同質的東西的不穩定性的例子隨處可見。我們也可以看見，任何一個均質的整體變成很多能夠辨別的部分，任何一個部分也有同質的不穩定性，而不那麼異質的東西，則在不斷的變成更加異質的東西。

　　進一步的研究，則將形式越來越多樣的、處於第二位的原因揭開了。第一個分化出來的部分，不只是產生進一步分化的所在，同時也是進一步分化的根本；因為，每一個分化

出來的部分，成長得和別的部分不一樣，它就變成對偶然力量引起不一樣反應的中心，因為起作用的力量是多種多樣的，所以所產生的效果也是多種多樣的。這種效果增多的證據在整個自然界都存在，也就是整個太陽系所進行的作用與反作用當中，永不停息的地質變化之中，有機體因為各種干擾的影響所產生的複雜的症狀當中，簡單的印象所產生的很多思想和情感當中，以及每個新的力量對社會所產生的持續衍生的結果當中，都是存在的。從上面的情況能夠得出一個可以為大量的事實所證明的推論，隨著異質性的增加，結果的發展的增長速度是以幾何級數的增多。

　　要想對構成演化的結構性變化形成一個充分的解釋，還有待將伴隨各部分之間所產生的差異而出現的越來越明顯的各部分之間的界線的原因找出來。我們發現，這個原因就是，這些單位在那些能夠移動不同位的各種力量的作用之下被分離了。我們可以看到，如果不一樣的偶然力量讓一個集合體各部分的構成單位的性質也不一樣，就一定會有一種趨勢，讓不相似的單位互相分離，而相似的單位則會向一起集中。這種伴隨局部分化出現的局部整合的原因，一樣也得到了一切演化的證實——比如天體的形成，地球外殼的形成，有機體的變化、心智特性的建立，還有社會分割的發生。

　　最後，對於這些過程是不是有任何限度的問題，我的回

答是它們一定會以平穩為結局。各種力量的這種持續分割和再分割，讓統一的東西變成多種多樣的東西，讓多種多樣的東西繼續變成更加多種多樣的東西，這是一個讓各式各樣的力量持續消散的過程，只要還有任何力量因為相反的力量而變得不平衡，力量就會繼續消散，直到最終停止。情況顯示，像各種集合體所發生的那樣，當很多的運動同時進行時，較小的和受阻力較大的運動消散得比較早，從而得以建立各種的動態平衡，形成走向徹底平衡的過渡階段。進一步的研究結果顯示，因為同樣的原因，這些動態平衡具備一定的自我保存的能力，具體的表現就是讓紊亂消失，還有適應新的情境。這個平衡的一般原理，和之前的一般原理一樣，能夠在所有形成的演化 —— 天文學的、地質學的、生物學的、心理學的和社會的演化 —— 裡面找到。我們總結性的推理就是在平衡的前一個階段，最極端的多樣性和最複雜的動態平衡建立在這個階段，這個階段一定意味著能夠想像最高的人性。

社會的平衡

　　還有一種社會平衡需要進行考慮：這種社會平衡是政府機構的建立所帶來的，如果這些機構和人民的欲望保持協調，它就會趨於完善。在政治事務方面，和工業事物一樣，都存在一個供需的問題；不管是政治也好，工業也好，很多對抗的力量產生一種節奏，這種節奏一開始是劇烈的搖擺，然後慢慢的安定下來，成為較有規律性的動態平衡。那些從前社會組織裡繼承下來的侵略性衝動 —— 那些掠奪性生活所必不可少的、不顧對別人的傷害而尋求自我滿足的趨勢，構成一種反社會的力量，不斷趨向於引起公民之間衝突和最終分離。相反，只有透過聯合才可以實現目的的那些欲望，還有透過和同胞的交流得到滿足和形成我們所謂忠誠的那些情操，乃是讓社會的各個單位團結在一起的力量。一方面，任何一個公民對於別的公民強加於他的行動的所有限制，或多或少都有一種抵抗力；這種抵抗力，常常不斷的拓寬每個人的行動範圍，相應的也就限制其他人的行動範圍，社會集合體的成員相互行使的推斥力由此構成。另一方面，存在於人和人之間的普通的同情心，存在於同一種人的任何一個人和同一種人的另外一些人之間的、相對特殊一些的同情心，還有社會組織感到滿足的各種相關的情感，作為一種吸引力

在發揮著作用，不斷的趨於讓有共同祖先的人們保持著團結。這是因為，分開生活的人們為滿足他們所有欲望所需要克服的抵抗，是比共同生活的人們為滿足他們的所有欲望所需要克服的抵抗大的，也就存在了一種剩餘的力量避免他們分開。和所有別的對抗的力量一樣，公民相互間施加的對抗力量，持續產生交替的運動，首先是激烈的運動，一點點減弱，最後趨近於平衡。在沒有開發的小型社會，這些相互衝突的趨勢導致了各種明顯的節奏。一個已經聚居了一、兩個世代的部落，現在已經達到無法結合在一起的規模；當某種事件發生，導致了成員中異常的對抗時，這個部落就會出現分裂。任何一個原始的民族，如果繼續團結一致主要靠的是首領的品格，那麼會表現出在兩個極端之間極大的搖擺，在一個極端，臣民受到了嚴格的限制，同時在另一個極端，限制並不足以防止動亂的發生。在相對比較發達的同一類民族，我們往往會發現具有國家所特有的同樣重要性質的劇烈的作用和反作用──「專制主義透過暗殺得到緩和」，在這樣的國家無法容忍的壓迫往往會引起將一切鎖鏈衝破的行動。一個時期的暴政後面接著一個時期的放任，一個時期的放任後面又接著一個時期的暴政，從這個大家都很熟悉的事實，我們看到這些對抗的力量怎麼樣持續的相互保持著平衡；與此同時，我們從這種運動和對抗運動變得比較溫和的趨勢

裡，我們也可以看見這種平衡是怎樣逐步臻於完善的。守舊（主張社會對個人進行限制）和改革（支持個人反抗社會的自由）之間的衝突，進入緩慢接近的限度；因此，不管哪一方暫時處在優勢，就產生不非常明顯的偏離中間狀態的現象。這個過程現在在我們中間搖擺的狀況還沒那麼引人注目，它一定會繼續下去，直到對抗的力量之間的平衡無限期的接近完善才會停止。這是因為，我們已經看見了人的本性對他生存條件的適應，在被我們稱作情感的內部力量和他們遇到的外部力量達到平衡狀態之前，是無法停止的。這種平衡的建立，就是人性的社會組織達到一種狀態，個人只有不超出他正當的行動範圍能夠滿足的那些欲望，再也沒有其他的欲望，社會只有維持個人自願的尊重的限制，再也沒有其他的限制。公民的自由的逐步推廣，還有政治限制的相應廢除，是我們邁向這種狀態的步驟，除了所有人的相同的自由所強加的限制外，任何一個人的自由的限制的最終廢除，一定是人的欲望和周圍環境所必需的行為之間徹底平衡的結果。

　　當然，和在之前的例子裡類似，在這個例子裡，包含著異質性的增加存在一個局限。我們在本書裡曾經得出過這樣的結論，心理上的演化的每一次演進，在於建立相應於某種進一步外部行動的某種進一步的內部行動 —— 某種觀念或情感的其他的連結，以適應某種以前不知道的或者非對抗性的

現象之間的連結。我們推論，任何一個運動包含結構的某種新的改變的新功能，都意味著異質性的增加，所以，假如還有任何影響有機體的外部關係，因為內部關係而導致了不平衡，異質性都一定會繼續增加。所以我們一定會得到這個結論：異質性的增加，只有在完成平衡時才能終止，顯而易見，對社會而言，一定會同時發生同樣的情況。個人異質性的任何一次增值，都一定會作為原因或結果，直接或間接的包含個人集合體安排上的異質性的某種增值。只有在社會力量和個人力量之間達成上面所描述的平衡時，社會複雜性的限度才能實現。

科學及其局限

　　什麼是可惜？要清楚的一點是，對於科學的偏見的荒謬的地方，我們只需要指出，科學僅僅是常識的高度發展；如果科學被拋棄了，那麼所有知識必然都會被隨之拋棄。那些最極端的持有偏見的人，都不會懷疑夏天的日出早於冬天、日落遲於冬天這種觀察有什麼壞處，反倒還認為這種觀察有助於履行生活的職責。好啦，天文學是一些有組織的相似的觀察，這些觀察精確度較高，擴展到很多的物體上，透過

分析，揭開天空的真正安排，將我們關於天空的錯誤觀念消除。水裡的鐵會生鏽，木柴能夠燃燒，放長了時間的菜餚會腐爛，這些知識，即使是那些最膽怯的宗派主義者，也不怕教給人們，因為知道了這些知識是有好處的。然而，這些都是化學的真理：化學就是有系統的將這種事實收集起來，弄清楚後再進行精確的分類和概括，讓我們可以確切的說出某種簡單的物質或化合物，在一定的條件下會發生什麼樣的變化。所有的科學都是這樣。它們各自從日常生活的經驗裡萌芽；伴隨著科學的不斷發展，它們不知不覺的吸收更多的、更複雜的、比較遠的經驗；在這些經驗裡，它們確定依賴關係的規律，和構成我們關於最熟悉的事物的知識的規律是一樣的。不可能在任何地方劃一條線，說從這裡開始。

　　隨著一般觀察的功能在於作為行為的指導，行為的指導也就成為最抽象、最深奧的科學研究的職責。物理學透過無數工業上的加工過程和它賦予我們的各種不同的運動模式，對我們的社會生活進行調節，和未開化的人對周圍物體的性質的知識來對他的生活進行調節相比，要完善得多。解剖學和生理學透過它們對醫藥和衛生實踐的影響，讓我們的行動產生了改變，差不多和我們關於周圍各種通常的力量在我們身體上所產生的害處和益處的認知可以改變我們的行動一樣。所有的科學都是預見；所有預見最終讓我們在較大或較

小的程度上從善避惡。正如我們對躺在前方道路上的物體的知覺，必然是會警告我們小心絆倒，同樣，那些構成的科學的、比較複雜而微妙的知覺，必然會警告我們在追求我們遠方的目標時，要小心被介入的障礙絆倒。因此，不管是最簡單的認知形式，還是最複雜的認知形式，因為它們擁有相同的起源和功能，都一定要進行同樣的處理。我們一定始終如一的接受我們感官可能達到的最廣泛的知識，或者同時拒絕接受大家擁有的狹隘的知識。在全面認可我們的智慧，或者甚至拋棄我們與動物所共有的最低的智慧之間，不存在合乎邏輯的抉擇。

再者，基本的科學概念都是無法被理想的現實的代表。儘管事實的概括的進展怎樣重大，建立的概念如何的拓寬 —— 儘管有限的和派生的真理和更強大、更深刻的真理的結合進行得如何多，根本的真理還是與從前一樣，是不能達到的。解釋能夠說明的東西，只是讓依然無法說明的東西更清晰了一點。不管是在外部世界，還是在內部世界，科學家都發現自己處在不斷的變化之中，既無法發現開端，也無法發現終結。如果他對事物的演化進行追溯，讓自己接受這個假設：宇宙曾經以擴散的形式存在，他覺得絕對不可能設想，怎麼能是這樣；同樣的道理，如果他對未來進行推求，對在他面前不斷展開的雄偉的連續現象，他無法指點出界

限。同樣，如果他反觀內心，他發覺不能領會意識的開始和結束；不，他甚至想像意識曾經存在或者將來會存在的力量都沒有。再比如，當他從外部和內部的現象的連續轉到它們內在特性時，他同樣覺得迷茫，不知所措。如果他每次都可以將事物的外觀、性質和運動分解為力在時間和空間上的表現，他依然會覺得無法掌握力、時間和空間。同樣的，雖然心理活動的分析最終可以讓他接觸到感覺，作為構成所有思維的原始材料，然而他並沒有往前走多少；因為既無法對感覺本身進行描寫，也無法描寫意識到感覺到的是什麼東西。所以無論是客觀的東西，還是主觀的東西，他都認為它們的本質和起源都是無法理解的。在各個方面，他的研究最終讓他面對一個無法解決的謎；與此同時，他始終清楚的將其看作一個無法解決的謎。他馬上就明白了人類智慧的偉大和渺小 —— 人類智慧在對付經驗範圍以內的所有東西的能力；人類智慧在對付經驗範圍以外的所有東西的軟弱無能。他尤其清楚的意識到，最簡單的事實，從其本身考慮，是絕對無法理解的。他比任何人更加真正懂得，在事物的本質方面，沒有哪種東西是可以被認識的。

如果覺得這些結論還可以，如果同意這樣的觀點：除了有些現象是相反的分解過程的組成部分以外，不管在什麼地方進行著的各種現象，都是普遍的演化過程的組成部分，那

麼，我們可以做出這樣的推論，所有的現象，只有承認它們是這些過程的組成部分，才可以得到圓滿的解釋。所以可以推論，當應用這些過程的公式，對任何一個現象全部和一切現象整體作出全面的和特殊的解釋時，一定會到達知識進展的極限。

被區別為科學的部分的成為一體的知識，還沒有將這種全面的解釋包括進來。或者，比如在相對較為複雜的科學裡，它們的進展差不多全都是歸納法的；或者，比如在相對較為簡單的科學裡，推演出來的結論是和構成現象有關的；現在基本沒有意識到最終的任務，是根據各種現象的構成狀況，對它們做出演繹的解釋。研究被描述現象的形式的抽象科學，和研究產生現象的因素的抽象 —— 具體科學，從哲學的角度而言，是研究所產生的自然界複雜現象的具體科學的女僕。形式已經確定的規律和因素的規律，就要進而確定合作因素的相互作用所決定的結果的規律。已經知道了力的持久性，又已經知道了各種派生的力的規律，必然不僅顯示，無機世界的實際存在如何必然將它們的特徵顯示出來，還要顯示，如何必然產生有機的和超有機的存在所顯示的更多也更複雜的特徵 —— 有機體是如何演進的？人類智慧從哪裡起源的？社會進步產生於什麼地方？

顯而易見的是，知識的發展作為一種有組織的、從力的持久性直接和間接推演出來的結論的集合體，只能在遙遠的將來才能實現；事實是，即使到了那個時候，還是無法完全實現。科學的進步，是我們看到的正在進行的，而且一定要繼續進行的思維和事物的平衡的進步，不過在任何有限的時期當中，這種進步是無法臻於完善的。不過，雖然科學永遠都無法完全變成這種形式，雖然只有在很遠的將來才能差不多實現這種形式，但是目前還是有很多的事情能夠做，以便接近這種形式。

　　當然，目前能夠做的事情，任何一個人，都只能非常不完善的去做。擁有正確的組織既定的真理所需要的百科知識的人是不存在的。然而，因為進步是透過很多增長實現的 —— 所有的組織，都是從不明顯的、模糊不清的輪廓開始，在不斷的增補和修改中完成；可以利用將現在累積起來的事實 —— 或者不如說事實的某種歸類 —— 變成好像協調的東西的嘗試的有利條件，無論這種嘗試多麼的粗糙。這就要有求於繼本書之後的幾卷著作，研究我們在本書開頭區別為專門哲學的各個部門。

第四章
自由主義和兒童的權利

行動自由的權利

　　好像是沒可能逃避這個結論。讓我們將得到這個論斷的幾個步驟重複一下。人只能透過運用自己的能力，才能得到幸福。但是要想可以運用自己的能力，他一定得有做他的能力自然的驅使他做的事情的自由。因為上帝希望他應該有這個自由。因此，他有得到這個自由的權利。

　　不過這並非一個人的權利，而是所有人的權利。每個人都賦有各種能力。每個人都一定要透過運用它們履行神的意志。所以，所有的人都必須有運用能力的事情的自由，即所有的人都必須有行動自由的權利。

　　所以，限制是必然要有的。因為，假設人們對運用他們的能力所需要的自由擁有同樣的要求，那麼每個人的自由就都會受到所有人同樣的自由的限制。如果兩個人因追求各自的目的而發生了衝突，那麼一個人只有在他的行動並沒有干預到另一人的同樣的行動時，才能是保持自由的。我們被扔進這個生存領域，並不存在大家無限制活動的餘地，然而由於他們的素養，大家都想有這種無限制的活動，只能是平等的分配不可避免的限制，除此之外，再無他途。我們由此得出這個一般的命題，即每個人可以要求運用其他能力的最充分的自由，同時也要和其他人具有同樣的自由相一致。

所以，我們透過幾個管道得到相同的結論。無論我們從只有能夠實現神的主意 —— 最大的幸福 —— 的固定的條件來對我們的道路進行推論，還是從人的素養，即將其視為能力的集合體來推導出我們的推論，還是聽信在這件事情上彷彿具有指導我們的功能的某種精神力量的告誡，都可以教給我們正確的社會關係的規律，即每個人都有從事一切他想做的事情的自由，前提是他並沒有侵犯任何別人的平等的自由。雖然這樣堅持的行動的自由可能需要進一步的限制條件，但是我們覺得，在社會的公平的規則中，沒有進一步的限制條件能夠獲得承認。

　　這種進一步的限制條件一定永遠都留給私人和個人應用。因此，我們一定要完整的採用這個平等自由的規律，將其作為正確的公平制度所根據的規律。

無視國家的權利

　　所有的公共機構都必須服從平等自由的規律，作為這一命題的推論，我們不得不承認公民有權利自願逍遙法外。如果每個人有從事所有他想做的事情的自由，前提是並沒有侵犯任何他人的平等的自由，他就能夠自由的中斷和國家的關

聯 —— 將國家給予的保護放棄，同時也拒絕為國家的支持付出代價。他的這種舉動根本沒有侵犯他人的自由，因為他消極的態度，因此，他就沒有成為侵略者的可能，這是不言而喻的。同樣不言而喻的還有，強迫他繼續作為政治社團的一分子，而沒有違反道德法則是不可能的，認為公民身分一定包括支付各式各樣的稅收；違背了一個人的意志，將他的財產奪走侵犯了他的權利。政治不過是若干個人共同使用，用來獲取某種利益的機構，要每個人表示他是否願意使用這種機構，是這種關聯的真正性質的含義。如果他們之中任何一個人下定決心，無視這個共同安全同盟，除了他喪失了同盟給予他的所有權利，讓自己冒著虐待的風險以外，再沒有什麼好說的了，他完全有這樣做的權利，只要他願意。不能強迫他進行政治聯合而不破壞平等自由的法則；他可以退出政治聯合，這並不違背任何一條法則；因此，他有權退出。

兒童的權利

如果我們想讓一個男孩成為一個出色技工，就會讓他從小去做學徒，保證他學到熟練的技能。未來的青年音樂家，應該每天練習樂器幾個小時。要想成為藝術家，得學習透過

素描畫和明暗法的入門課程。而對未來的會計來說，規定要接受徹底的算術練習，透過數學的學習來發展思考能力。因此，所有訓練都要遵循培養一定要先於熟練的原則。人們已經在「習慣是第二天性」、「熟能生巧」這類諺語裡面表示了普遍觀察後的最終結果，顯然，所有的教育制度都在遵循這種觀察的結果。一位鄉村女教師的箴言和一位裴斯泰洛齊信徒的思索，飽含同樣的理論，兒童應該對未來生活所要求的身體和心智的使用習慣。教育就是這樣的解釋，沒有其他的意思。

作為道德的人，他最重要的品格究竟是什麼呢？我們需要培養的最重要的能力是什麼呢？難道我們不能回答是控制自我的能力嗎？構成人類和野獸的主要區別的，正是這種能力。也恰恰是因為這種能力，人被定義為可以「瞻前顧後」的動物。文明的種族之所以優於未開化的人，就是因為他們被賦予了較高的自我控制能力。理想的人的其中一項造詣，就在於具有高超的自我控制能力。

不產生感情衝動，不被任何一個占上風的欲望所左右；而是懂得自我克制，自我平衡，受集會中感情的共同決定所控制，任何一個行動都要提前經過充分的辯論，沉著的做出決定，這就是教育 —— 起碼是道德教育 —— 力求得到的結果。

　　但是自治的能力，和一切別的能力一樣，只有透過練習才能獲得發展。誰希望可以在成年時控制他的感情，就一定要在年輕時就練習控制他的感情。看看強迫制度的荒謬吧！這種制度，不讓一個男孩習慣於像在下半生要求他那樣讓他自己執法，卻在為他執法。這種制度並非在為他必將脫離父母養育的日子做準備，誘導他確定自己行動的界限，自願將自己限制在這些界限的裡面，卻為他將這些界限標出來，還這樣說：「越界非常危險，自己為自己負責！」這裡有一個幾年以後將成為自己的主人的人，當他即將適應這一情況的時候，卻根本不讓他作自己的主人。即使在別的一些事情，一些成人將來一定要做的事情，認為兒童應該提前進行很好的練習，然而在最重要的那件事情上 —— 對自己的控制自己 —— 卻認為他練習得越少越好。那些曾經接受最嚴格的紀律培養的人往往成為最粗野的人也就不值得奇怪了，產生這樣的結果正是他們所期待的。

　　的確，不僅在體力方面沒有能夠讓年輕人們勝任未來的職位，而是絕對傾向於讓他無法勝任。如果如苦役是他命中注定的 —— 如果他的下半生一定要生活在俄羅斯的專制君主的統治下，或者是美國棉花種植園主的管理下，最好的訓練方法，就是讓他對隨後必須採取的完全服從的態度的訓練方法習慣。然而，這種待遇不過是達到讓他適合苦役的程度，

千萬不能讓他適合在自由的人們裡做一個自由的人。

　　然而，到底為什麼需要教育呢？兒童為什麼不自發的成長為正常的人呢？為什麼一定要對這個傾向做出約束，對別的情操予以激勵，從而利用人為的輔助物，將心智塑造成和它自己可能變成的東西不一樣的呢？在這裡，不是自然界有一種反常嗎？一切別的天地萬物，我們可以發現，沒有外界的幫助，種子和胚胎也可以達到完全成熟。將一橡樹籽扔到地上，在適當的時候，即使沒有經過修剪或栽培，它也可以成為一棵健康的櫟木。透過幾次蛻變，昆蟲不用外界的幫助，也能達到牠最後的形態，具有所有必不可少的能力和本能。不用強迫讓幼鳥或者四足的動物採用適合未來生活的習慣，牠的特性和牠自己的身體一樣，已經自發的對牠必須在世界上扮演的角色完全適應了。那麼，為什麼會發生這樣的事：只有人類，只有人類的心智往往朝錯誤的方向發展自己呢？對此，難道不是必然有某種特殊的原因嗎？顯然是有原因的。如果真的是這樣的，那麼真正的教育理論一定要承認這個原因。

　　讓人適合於他原始食肉狀態的道德品格，和讓他適合於種族繁殖所導致的社會狀態所需要的道德品格是不一樣的，這個事實是無可爭辯的。我們前面的研究結果可以顯示，適應的規律會對一種品格從另一種品格的轉變產生影響。像我

們這樣在這種轉變中生活，一定可以發現很多的現象！這些
現象，也只能根據現在人類對這兩種狀態，是局部的適應，
而沒有完全的適應這兩種狀態的任何一種來解釋 —— 只是
喪失了一點點原始生活所需要的傾向，還有不完全的獲得社
會生活所需要的傾向。上面所說明的反常現象，就是這兩種
情況中的一個。每一個世代錯誤的發展自己的趨勢，可以表
示這樣變化的程度還沒有出現。兒童需要遏制的那些地方，
恰好也是他像未開化的人的那些地方。喜歡破壞，撒謊和小
偷小摸，虐待低等動物，托兒所裡的自私爭吵，操場上的迫
害 —— 所有的這些都可以看到犧牲別人而滿足自己的趨勢，
這種趨勢讓人不適合文明生活，而適合野蠻生活。

　　然而我們看到了，人的品格和他的環境之間產生的不協
調正在進行補救。我們同樣看到了，那些未開化的人的本能
一定會因為虛弱而凋謝。社會狀態所喚起的情操一定是透過
練習而獲得發展的，同時如果保持生活的規律不變，這種變
化將會一直繼續下去，直到我們的欲望和我們的環境實現
完全的一致為止。於是當德性變成有機的最後狀態到來的時
候，兒童性格發展中的這種反常現象將不會再存在。年輕人
也將不再是自然界的例外 —— 不會像目前這樣，趨於長成不
適合下半生的要求，而將自發的自行展開為理想的成年期，
他的任何一個衝動都會和道德法則的命令相吻合。

所以，就教育謀求塑造性格而言，它不過是在為一個暫時的目的服務，同時像別的機構因為人不適應社會狀況的結果，最終一定會消亡。於是我們看到，強迫訓練制度是怎麼樣加倍的和道德法則不一致。這種訓練制度不僅一定是會違反道德法則的，而且它這樣枉費心機的想要做的工作，當道德的法則登上最高權力的巔峰時，也不用去做了。家庭範圍的約束力，與地方行政官的約束力類似，不過是不道德的行為的補充。我們發現不道德的行為可以用不適應來解釋，而不適應遲早有一天是會終止的，所以這個舊時的教育理論所提出的假設，最終將會變成謬論。戒尺和棍棒，和警察手裡的手銬和棍棒一樣；監獄看守的鑰匙，各民族互相爭鬥所用的刺刀、劍還有大炮，全部是不義行為的產物 —— 它們只有在獲得不義行為的支持時才是存在的，而且一定會分擔它們親本的邪惡。因此各種形式的強制教育或別的各種形式的強制的來源，是人的各種缺陷 —— 它靠著那些缺陷進行統治 —— 當統治者的是公平時，強制一定會讓位，因此本質上都是錯誤的。

　　這裡自然讓我們又一次指出完善的法則與不完善的人之間必然出現的不一致。無論前面所講的理論可能有無論什麼樣的烏托邦主義，並不是因為這些理論存在什麼謬誤，而是因為我們自己的過錯。部分的行不通絕對不能讓我們困惑；

恰恰相反，這是處在意料當中的。在對待兒童和任何別的事情方面，我們和純道德狀態之間的距離，一定是和我們遵照道德法則辦事的困難成比例的。然而，並非由我們來誇大和考慮這種困難。我們的道路十分簡單。只要我們盡全力履行法則，相信我們目前的狀況所必需的限制一定會就表明是無法抗拒的。

同時我們還要指出，正確進行教育的主要障礙其實來自於家長，而不是兒童。並非兒童們沒有感覺到那些比壓力的影響還要大的影響，而是家長的德行無法對這些影響加以運用。父母們對子女不正當的舉止為他們帶來的煩惱進行了誇大，奇怪的假定所有過錯都是因為他們子女的不良傾向，而他們自己則一點責任都沒有。雖然他們在嚴重的失敗當中承認自己是可憐的罪人，然而聽他們控訴不順從的子女，你也許會覺得他們自己是完美無缺的。他們忘了，他們子女的那些墮落腐敗的行為，其實是他們自己的墮落腐敗行為的翻版。對這些常受責罵和常遭毆打的孩子，他們並沒有一個足夠清楚的認知，有很多的鏡子都可以反映出他們自己的自私。對他們對子女和他們子女對他們的行為下斷言同樣是不成體統的，這將讓他們覺得驚訝。然而，只要是公正的自我分析都能夠證明，他們發布的命令，更多的是滿足他們自己的方便，而不是矯正錯誤。一個被打擾的父親衝著一群吵鬧

的少年大喊:「我討厭吵鬧!」吵鬧聲沒了,他自認為已經為讓家庭保持良好的秩序做了一些事情。也許是的。然而他是怎麼做的?透過顯示他試圖制止他子女吵鬧的同樣不良的傾向——決心為了自己的幸福,而將別人的幸福犧牲。也可以對倔強兒童是在什麼衝動之下被懲罰的情況進行觀察。嚴厲的目光和抿著的嘴唇,表達了一個被冒犯的統治者的怒火,而不是對出現過失的人的幸福的擔心——表示的內心思想是這樣的:「你這個小壞蛋,我們馬上就能看到誰才是主人。」找到這種思想的根,將會發現父母權威的理論,並非出於他對子女的熱愛,而是出於他的愛好統治。誰懷疑這一點,就讓他聽一下一般的譴責話語好了:「你怎麼敢不聽我的?」然後細品一下這個著重點意味著什麼,不,不,即使現在,道德力量的教育也是完全切實可行的,只要家長們足夠文明的對這種教育加以運用的話。

然而,障礙當然有一部分是相互的。即使像我們目前所了解的最好的兒童期的樣本,有時靠勸告也是無法控制的:當我們一定要對待較差的性格時,如果沒有採用強制的做法,困難必然會成比例的增大。不過,忍耐、自我的克制,對年輕人情緒的充分認知,還有對他們應有的同情,再加上在方法的選擇上稍微機靈一點,通常是可以將我們所希望的一切完成的。家長只要讓自己的行動、言詞和態度說明自己

的情感是完全正確的，他一定能將孩子胸中相應的情感喚醒。

還有一種反對意見值得注意。可能可以這樣說，如果兒童們擁有和成人一樣的權利，那麼兒童和成人一定同樣的享有公民權，並且應該同樣被賦予了政治權利。這個推論乍看上去會讓人吃驚，得出這個推論的那些人的勝利的神態，還有他們反思這個推論讓人聯想到的荒謬時發出的微笑，都是很容易想像出來的。但是，這個回答非常簡單的，但是是具有決定性的。要想產生矛盾，一定要有兩件事；在提出指責之前，得先說明在兩件出現了矛盾的事情裡，哪一件是錯誤的。眼下的這個例子，政府機構和平等自由法則的後果分別是矛盾的雙方。兩者之中，該受譴責的是哪一方呢？上面的那些反對意見，不言而喻假定，應該對平等自由法則的後果進行責備；而事實恰恰相反，該對政府機構予以批評。如果政府機構本質上是正確的，我們就有假定我們的結論是謬誤的理由了；然而既然它是不道德的產物，就一定要責備它和道德法則的衝突，而非責備道德法則和它的衝突。假如道德法則得到了普遍的服從，就不會存在政府；同時如果不存在政府，那麼道德法則就無法支配兒童的政治權利。所以，被指稱的荒謬，都是因為現在社會的不良素質，而不是我們的結論存在缺陷。

所以，關於將平等自由的法則向兒童推廣，我們一定要

說，公平在命令這樣做，權宜之計在建議這樣做。我們看到，可以像成人的權利從相同原理用相同的論據推斷出兒童的權利；而否定兒童的權利讓我們陷入了困惑，而且好像無法逃避。子女的奴性和野蠻狀態的關聯 —— 子女的奴性與社會的和軍事的奴役之間明顯的親屬關係 —— 以及子女的奴性會隨著文明的進步而逐漸衰退的事實，說明這種奴性是消極的。用強迫方法對待兒童這種做法的錯誤，還能夠從以下幾個方面進行證明：強迫方法根本無法將道德教育的主要目的 —— 培養同情心實現；這種方法具有引起對抗和憎恨情感的隱患；這種方法一定會遏制重要的自我控制能力的發展。但是在另一方面，非強迫的方法因為對高尚的情感有利，透過對這些情感進行鍛鍊，一定可以讓性格得到改善，同時也一定能讓兒童對自由的環境習慣，他將在這樣的環境裡度過他的下半生。還有有人已經證明，兒童道德訓練的需求本身僅僅是暫時的，所以，真正的親子關係的理論必然不能像命令和服從的理論那樣，先假設這種需求是永久的。最後，我們有充足的理由，將這些結論和我們日常經驗之間的差異，並不歸因於結論本身存在什麼錯誤，而歸因於完善的法則和不完善的人性之間必然存在的矛盾。

第五章　國家教育

第五章　國家教育

我們關於國家職責的定義，是禁止國家管理宗教還有慈善事業的，同樣的，我們這個定義，也禁止國家對教育進行管理。因為政府剝奪一個人的財產超出了為維護個人權利的需求，就是侵犯他的權利，因此違反了政府對他的職能；因為並不是為了維護他的權利而必須剝奪一個人的財產去教育他自己的或別人的子女，所以出於這一目的而將其財產剝奪就是錯誤的。

假如說這裡涉及兒童的權利問題，而且維護這些權利需要政府的干預，我們的回答是在兒童的權利被侵犯之前，沒有進行干預的理由，而且他們的權利並沒有因為忽視他們的教育而遭到了侵犯。因為，我們再三說明，所謂的權利，無非是武斷的將使用能力的一般自由分成很多個部分；只有事實上將這種自由減少，即剝奪過去原有從事所想做的事情的能力，才可以被稱為是侵犯權利。目前，那些對兒童教育不關心的父母並沒有這樣做。沒有觸動使用能力的自由。兒童不受教育，於其自由絲毫無損，他仍可以用最好的方法，做他想做的任何事情；而這種自由，就是公平所要求的一切。請記住，每一次侵略，每一次對權利的違背，一定是主動的；而每一次疏忽、每一次粗心、每一次失職，一定是消極的。所以，不履行職責父母不管怎樣錯誤，都沒有對平等自由的原則構成破壞，所以國家不能受理。

如果對人們總說的國家的教育權沒有直接的反證，講這句話的人所陷入的荒謬，就可以作為這句話站不住腳的證明。退一步說，暫時承認政府有教育一個人的子女的義務，那麼，什麼樣的邏輯能夠證明國家沒有為他們提供衣食的義務呢？如果出於發展他們的心智的目的，應該存在一個國會法規定，那麼為什麼不應該出一個國會法規定，為了發展他們的身體呢？如果國家應該來滿足年輕一代的精神需求，那麼為什麼不滿足的他們的身體需求呢？制定精神食糧的權利的論據，同樣能夠用在制定物質食糧的權利上；不，能夠用來制定更多的權利——能夠證明兒童應該徹底由政府照顧。因為，如果將教育的利益、重要性或必要性確定為政府應該進行教育的原因之一，那麼，食、衣、住和取暖的利益、重要性或必要性，就可以確定這一切也應該管理的原因之一。所以，不取消家長的所有責任，就不能制定所謂的權利。

　　如果覺得還需要進行深入的批駁，這將會是對定義的一個嚴峻的考驗。最近我們看到，對所假定的撫養權來說，這種考驗是致命的；我們將會發現，對所假定的教育權，這種考驗同樣是致命的。這是因為，什麼是教育呢？在學校的教學和最全面的大學課程當中，能在什麼地方劃一條線，可以將屬於國家的和不屬於國家的精神文化公正的分開呢？

　　有什麼特性，能是在讀、寫和算裡就具備地理、歷史、

繪畫和自然科學就不具備的，能夠讓還不成熟的公民有權利要求將它們教給他的呢？是不是因為計算有用才一定要讓學生學習計算呢？那麼為什麼讓學生學幾何？木工和泥瓦工會給我們答案；為什麼讓學生學化學？我們能夠從染色工人和漂白工人那裡得到答案；為什麼教生理學，這一點從健康情況較差的面色可以得到充分的證明。天文學，力學，地質學和這些相關的科學 —— 難道不應該教給學生這些科學嗎？它們都是有用的。我們可以用來決定各門不同知識價值的計量單位在什麼地方呢？或者說，假設這些價值已經確定，那麼又如何能夠說明一個孩子可以要求具有這樣那樣價值的民權知識，而非具有某種具有較低價值的知識呢？當那些要求國家教育的人可以確切的說多少是應得的，即可以同意年輕人什麼有權利接受，什麼沒有權利接受，那就傾聽了。然而，在他們將這個不可能做到的事情完成之前，他們的請求是不會得到考慮的。

如果這些提倡立法知識教育的人可以為他們的理論提供證據，他們將會遭到矇騙而陷入悲哀的圈套。這是因為，說政府應該為人民提供教育，這是什麼意思呢？為什麼應該為人民提供教育呢？教育的目的是什麼呢？顯而易見，教育的目的是讓人民適應社會生活，讓他們成為良好的公民。那麼誰可以說什麼樣的公民才是良好的公民呢？政府可以說。再

沒有別的評判人了。那麼誰可以說這些良好的公民應該如何培養呢？政府可以說。也沒有其他的評判人了。因此，這個命題就可以變化為：政府應該將兒童塑造為良好的公民，它能夠考慮決定什麼樣的公民才是一個良好的公民，如何才能將兒童塑造為良好的公民。它自己首先一定要形成一個明確的典型公民的概念，然後，還要精心做出一套訓練制度，最適合按照這個典型進行公民的培養的訓練制度。政府會全力的推行這個訓練制度。因為，如果政府不這樣做，它就讓人們成為它認為應該成為的人不一樣的人，所以也就無法履行它承擔的職責了。任何一個政府都要證明嚴格執行在它看來最好的計畫是正當的，應該仿效歐洲大陸和中國的專制政府做法。

　　如此一個小小的命令，它遍及每一個行動，且絕對不容許拒不執行，國家教育理論就是這樣得到了合法的實現。政府是不是誤解了公民應盡的義務，它所採用的訓練方法是不是判斷得當，這些並不是問題的關鍵。按照假設的前提，政府被授予了履行一個特殊任務的權利。關於這個任務，政府並沒有現成的、可以將其完成的方法。因此，除了選擇在它看來最合適的方法以外，它並沒有別的選擇。與此同時，也不存在高一級的、可以批准或質疑它的判斷的權威，無論計畫是什麼樣，絕對執行都是合理的。從政府應該講授宗教的

內容這個主張提出另一個主張，就是政府首先要確定宗教的真理是什麼，然後確定如何講授這個真理；因此，關於政府應進行教育的主張，一定要提出更進一步的主張，說明教育是什麼，應該如何發展教育。我們看見這種嚴格的教義，在一個事例裡是邏輯上必然的結果，在另一個事例裡面，同樣也是邏輯上必然的結果。

然而有人會這樣辯解，家長，尤其是那些子女最迫切需要教學的家長，並不知道什麼樣的教學是優良的。彌爾（John Stuart Mill）說過：「在教育這個問題上，政府進行干預合理；因為關於這個問題，消費者的興趣還有判斷對商品的優質不構成足夠的擔保。」

十分奇怪，這樣一位具有遠見卓識的作家竟然滿足了這一個十分陳腐的藉口。這種將人民認定為無能的說法，還曾被視為一切國家干預行為的藉口。

如果說立法控制是不是適宜，要根據情況而定，那麼對於有些條款來說，消費者的判斷足夠了，而對另一些條款來說，消費者的判斷是不夠的；因為難以確定教育的品質，因此教育被放進了後一類條款的行列中；對於這些，回答依然是：這些為一切干預辯解的話已經說過很多次了。提倡向官方法規求助的人，引述了大量的劑量，種種覺察欺詐的困難，以及無數證明買主沒有能力保護自己的事例；每一個事

例都在提出不管怎樣在這裡要有官方法規的訴求。然而，經驗的確將這些推斷依次駁回，從而教導我們，從長遠的角度來看，消費者的興趣並不只是所消費的東西優質的有效保證，而且是最好的保證。那麼，無數次的信任這一好像很有道理的騙人結論，難道還是理性的？說得更確切一些，無論外表看來情況相差得多麼大，選擇教育這種商品，都和選擇所有別的商品類似，能夠讓買主自行處理，這非常安全。這樣的推論還不合理嗎？

人民終究不像他們看上去那樣，無法勝任評判教育的這個任務。

這樣的推論好像是更加合理的。那些學識較差的家長通常可以很快分辨出優良的或不良的教學結果，會注意到別人子女身上的這些結果，並採取相應的行動。再者，他們很容易將接受過較好教育的人作為榜樣，進行模仿，選擇同樣的學校。或者他們還能夠透過請教別人來克服自己的困難；而且通常有人可以並願意為那些沒有受過教育的家長，就他關於教師的問題，給出信得過的回答。最後還有價格的檢驗。教育和別的東西一樣，價格是價值的一個還算可以的可靠指標；它對所有的階級都是公開的；在學校問題上，它是獲得了窮苦人本能的喜愛的，因為，眾所周知的是，他們對那些非常低廉或者免費的教學的態度十分冷淡。

　　不過，即使承認判斷的這個缺陷實際並沒有人們說的那麼嚴重，然而缺陷依然是重大的，干預的需求還是將遭到否定的。弊病正在得到糾正，和一切類似的弊病都已經得到糾正一樣。和他們的父母相比，年輕的一代將對什麼是良好的教育有更好的了解，他們的後代對什麼是教育也將會有更清晰的理解。那些認為過程緩慢是干預的一個充足的藉口的人，一定會對所有別的事情都進行干預；因為作為國家干預的一個老藉口，要醫好無知這種毛病需要循序漸進。消費者和生產者的錯誤，往往需要幾個世代的時間才能得以糾正。

　　商業、製造業，尤其是農業，很多的改進基本都是在不知不覺的進行的。舉一個輪種的例子，如果在某種情況下行動遲緩是進行干預的正當理由，那麼為什麼別的情況不可以呢？要農民徹底接受近代科學所提出的各種計畫通常需要一個世紀的時間，為什麼政府不對農莊進行監督呢？

　　如果我們充分的認知到這個事實，即社會是生長物，而非製造品 —— 是自己製成的東西，而不是人為的製造出來的東西 —— 我們將會少犯很多的錯誤。同時我們應該看到，除了別的不完善以外，群眾無法辨別教學優劣的問題正在得到克服。

　　在教育問題上，如果有人認為「消費者的興趣和判斷並不能提供確保商品優質的充足保證，所以覺得政府的監督是

必須的」，他們提出了一個問題很大的假設，即政府的興趣和判斷就可以提供充足的保證。目前駁斥這個假設，我們的理由十分充足，不，甚至我們可以斷言，如果考慮到未來政府的興趣和判斷能提供的保證極少的話。

關鍵在於如何最好的開發心智：這是一個最為困難的問題。甚至我們存在疑問：是否可以說這個問題是最困難的問題。要想將這個問題解決，需要做兩件事。第一，應該清楚應該塑造成什麼樣的心智。第二，要清楚這樣的心智要如何進行塑造。目前讓我們從塑造的工作轉到塑造者。無疑他們是教育者：其中有很多的人本意是非常良好的；有些人的考慮十分周到；少數人哲理性很強；但是大部分的人都來自於富貴人家，並且很容易將人類的事物視為反映在富貴人家的事情──而且還有些歪曲。其中大部分人過著十分舒服的生活，所以安於現狀。拿他們的愛好來講──他們明顯會讓國家的事情從屬於追獵狐狸和射獵松雞。寬闊的莊園或長遠的家系──這就是他們引以為豪的事情，對他們來說，家庭的盾形紋章上如果寫著「艱苦努力」等古代箴言，那將是極大的幸福。至於說他的社會理想，要麼是感傷的封建主義，要麼和現在的國家有幾分相像，人民一定要尊敬上司，要麼是讓所有的勞動者都成為效率最高的生產工具的國家，最後，財富的累積實現最大可能的程度。此外，他們的道德訓練觀點

透過維護死刑和將子弟送進實行鞭打刑罰的學校和他們自己受教育的地方表現了出來。關於商品 —— 指的是教育 —— 的這種判斷能是安全可靠的嗎？顯然不能。

這些教育者的「興趣」更少可以信賴。雖然他們的興趣和人民的興趣不一樣，但是它一定會被優先照顧，這是不可避免的。在別的情況下，那些支配著統治者的、有意識的或無意識的對私利的追求，在這裡將同樣會支配他們，當人們的性格是目前這個樣子的時候，不這樣做是不可能的。隨著不平等的稅收分配，居民代表的非常不公正的任命，裙帶關係 —— 好的位置都被姓格雷（Grey）和伊利亞德（Iliad）的人占據 —— 的存在，用人編制的大大超出需求，對沒有領受資格的人濫發撫恤金，保留官員、解僱平民的緊縮制度，以及陸軍、海軍、地主和與牧師有關係的國會議員的投票等種種這些情況的出現，我們可以堅信，管理國家教育，將是為了在位者而非全民族的利益。

希望出現別的任何情況，就會犯緣木求魚的老錯誤。對於目前這個樣子的人和事物而言，如果將希望寄託曾經讓一切別的機構腐朽的種種影響，不會讓這種機構腐朽，那就再也不存在比這個幻想更加烏托邦的了。

所以，即使在教育的問題上「消費者的興趣和判斷不是確保商品優質的充足保證」這句話是對的，用政府的「興趣

和判斷」來取代消費者的「興趣和判斷」這種做法是否理性，也並不顯而易見。確實，也許可以這樣說，這個論據只能證明現在的政府不適合成為國民的教師，而無法證明正常組成的政府同樣不勝任這一項工作：一定要先假設政府應該是個怎樣的政府。鑒於決定一個政府應該做什麼是研究的對象，這個問題的回答是，這個主張的性質一定要下降到現在情況的水準。立法監督的要求是根據現在人民不完全的「興趣和判斷」；所以，在批評這個要求時，我們一定要針對現在的政府。我們的推論不能建立在將政府視為應該是那樣的政府的基礎上；因為在政府成為它應該是那樣的政府之前，談不上人民的「興趣和判斷」哪裡不完全。

設置國家機構，讓大眾的智力修養得以提高，並委託政府對這個機構進行監督，實際的情況告訴我們這樣的做法是失策的。任何一個這樣的機構的精神都是保守的，而非進步的。出於自身利益的角度考慮，所有的機構都具有自我保存的本能。因為它們的活力依賴於維護現存的安排，所以它們自然會堅持這樣的安排。過去和現在是它們的根基所在，而不是將來。變革會對它們構成威脅，會改變它們，最終將它們毀滅；因此它們會一致的反對變革。另一方面，嚴格的說，教育是和變革緊密連結在一起的，教育是變革的先導－－是永不停息的變革的動力 —— 總在讓人們適應更高一層的東

西，不讓它適應現狀。因此，機構的生存本身依賴於人們繼續保持現狀，這些機構和真正的教育 —— 讓其超越現狀的工具之一 —— 之間，是必然存在不一致的。

　　考慮到設計出來傳播知識的組織，本身就說不定是知識的壓制者，這阻擋的趨勢就越發明顯了。比如有人這樣說，牛津大學是最後承認牛頓（Isaac Newton）哲學的場所之一。我們又在洛克（John Locke）的傳記裡讀到了這樣的一段話：「在牛津大學一次有各學院的舍監參加的會議上，有人建議對閱讀洛克的《人類理解論》的人進行指責和勸阻；多次辯論之後，結論是不做任何公開指責，不過各學院的舍監要盡全力防止他自己的學院有人閱讀這篇論文。」再比如在伊頓公學，在雪萊（Percy Bysshe Shelley）的時代，「化學是遭到禁止的東西」，甚至化學論文都被排除了。這些由捐贈基金創辦的院校，都存在將革新拒之門外的習慣，不管是誰想要尋找改進教學的方法或者更好的課程，這些院校就是他最後得去的地方。

　　各個大學對自然科學的態度，始終是傲慢，不予承認。學院當局積極或消極的抵制將化學、生理學、地質學等等定為考試科目已經很久了，只是近來迫於內部壓力，以及擔心被競爭的院校所取代，才戰戰兢兢的開始增加新的課程。

　　目前，雖然慣性力可能用處很大 —— 雖然官員們的抵制

產生了作用 —— 雖然我們絕不能對這種給予各院校活力的自我保存的本能表示埋怨，因為它透過拖延的衰老過程對它們表示支持 —— 但是我們還是能夠明智的拒絕增加它自然的影響。我們的社會經濟非常需要存在一股改革的力量和保守的力量，也許這兩種力量的合力代表了進步；但是人為的製造一方對另一方的優勢是極為失策的。無論如何，建立國家教育就是這樣的事。教學組織自身還有對教學組織進行指導的政府傾向現有的事物將是不可避免的；讓現有的事物將國民心理控制，就是為它們提供了壓制對應有事物的期望的工具。這些學校將只允許彷彿和它們自我保存相同的文化，而對於那種可以推動社會進步，進而能夠威脅到它們自己基礎的文化，換句話說，最有價值的文化，它們將會表示反對。

　　樂觀的人可能會希望這都是過去的規則，未來不會是這樣的規則。請他們別自欺欺人。只要人們還在追求私人的利益，而將共同的幸福犧牲，換句話說就是只要還需要政府，這將總會是正確的。隨著人們不再那麼不正當的追求私利，這種趨勢無疑也就不會那麼明顯了。然而他們缺乏完全的真誠到什麼樣的程度，既得利益也就會支配他們到什麼樣的程度，學校也就會對變革持抵制態度到什麼樣的程度。

　　很多國家教育主義者顯示出的情感，和這種幼稚的急躁情緒有點像。他們和他們那種類型的人說明他們對自然力量

缺乏信念 —— 基本不知道這種力量的存在。他們同樣對法律規定的進步速度不滿。對所設想的自然的失誤進行補救，他們都採用人為的方法。最近幾年以來，人們突然意識到了教育人民有多重要。他們這種意識極為短暫，因為他們的態度是從冷淡或者甚至帶著敵意突然變成了熱情。他們以最近改變信仰者的所有熱情 —— 帶著一個新皈依的教徒的所有過度的期望 —— 等待著他們所希望的結果；他們並沒有獲得滿足，所以這種不合理的心理狀態永遠伴隨著他們，因為並沒有在一個世代以內完成從普遍的愚昧前進到普遍的啟蒙的過渡。人們可能想過，任何一個人都很清楚，在我們這個世界當中，所有發生的重大變革全部是緩慢的。陸地的隆起速度是一個世紀一英尺或兩英尺。河流三角洲的沉積需要幾萬年的時間。荒蕪的礁石轉化為可以維持生命的土壤得無數個時代。如果有人覺得社會按照不同的法則進步，那麼就讓他們讀一讀！將歐洲的奴隸制度廢除，難道不是需要整整一個基督紀元嗎？至少直到廢除為止。從象形文字發展到印刷術，不是經過了一百個世代的生命歷程嗎？科學、商業和機械技能的進步速度，不也同樣的緩慢嗎？然而人們卻對可憐的五十年還沒有徹底完成的群眾啟蒙感到失望！雖然這個時期內獲得的進步，已經遠遠超出了冷靜的思想家所期望的程度，也遠遠的超出了從前人類進步速度所預示的地步 —— 然

而這些不耐煩的人簡單化的譴責非官辦制度徹底的失敗了！一個自然的過程 —— 一個自發的建立起來的制度 —— 一個國民心理已經開始自我發展的過程被嘲笑了，原因是它沒有在人類生命中不過一天的時間裡將全部轉化完成！然後，為了彌補自然的無能，一定要由立法機關用指撥弄來讓發展加快！

當然，設法用人為的方式來傳播教育有這樣一個藉口，就是急於打算降低犯罪的渴望，教育被看作預防犯罪的措施。麥考萊（Macaulay）說過：「在我們看來誰有絞死人的權利，誰就有教育的權利。」馬蒂諾（Martino）小姐在一封闡述曼徹斯特管區制度的信中說：「政治經濟學反對為教育的目的徵收地方稅是我所無法理解的。僅僅是一種督察稅，這種地方稅將是一樁很非常划算的事情。它要遠遠少於我們目前為少年墮落行為的開銷。」在這兩段話裡都能看出來包含這個流行的信念。

很多持有這種看法的權威人士，我們表示尊重，但是這個信念是否真實，是值得懷疑的。我們沒有可以證明通常所理解的教育是預防犯罪的措施的證據。報紙上曾經連篇累牘的反覆登載的文章得意洋洋的講述著受過教育和沒有受過教育的罪犯的比例，其實證明不了什麼。在做出任何推論之前都得證明，這些受過教育和沒有受過教育的罪犯是從社會的

兩個相等的部分中來，除了知識方面，一切別的情況都完全相同——社會階層和職業相似，有類似的優勢，在類似的誘惑下勞動。但是這非但不是事實，而且全都是謊言。有不少無知的罪犯來自環境最為不利的階級；而少數教育經歷豐富的罪犯則來自環境十分有利的階級。按照目前的情況來看，推斷犯罪是因為肉食的缺乏，或者因為居住的房間通風很差，或者因為他們的衣衫襤褸，都是符合邏輯的；因為，如果對一所監獄的犯人進行盤問，一定會發現，其中的大部分人都存在這種情況。愚昧和犯罪並非因果關係，它們是同一個原因同時產生的結果。完全沒有受過教育的人，就是和有最強烈的做壞事動機的那些人一起生活的人；部分的受過教育的人，就是受較小急迫引誘的階層的人；接受過良好教育的人，就是生活在幾乎非一般犯罪動機所能及的地方的人。所以，至少根據上面說的這些統計，愚昧僅可以證明存在導致犯罪的各種影響，不能被認定是犯罪的原因，就像並不能認定氣壓錶的下降導致了下雨一樣。

　　事實是在道德與通常的教學訓練之間，絕對沒有任何關聯存在。只是理智的培養（一般進行的教育基本就是這樣）對行為基本沒有任何作用。黏貼在記憶裡的信條，透過死記硬背學會的原則，和是非曲直有關的講課，並不能將不良的性格傾向消滅，雖然人們置他們作為家長和公民的經驗於不

顧，堅持希望它們可以將不良的性格傾向消滅。所有種族和個人的歷史都可以證明，在大部分的事例裡，訓誨根本一點作用都沒有。在訓誨好像起了作用的地方，其實真正起了作用的並非訓誨，而是對訓誨做出反應的就已存在的感情。理智並非一種力量，而是一種工具 —— 不是本身可以運動和工作的東西，而是被它背後的力量推動才能工作的東西。人們為理性所統治的說法，和人們為他們的眼睛所統治的說法是一樣的荒謬。理性是一隻眼睛 —— 透過它可以看到滿足的道路。養護眼睛只是讓眼睛更加明亮 —— 讓眼睛看得更加準確和全面 —— 根本無法改變理性所推動的願望。無論你看得多遠，理智運轉的方向 —— 理智應研究的對象都將由感情決定。理智可以完成的目的，只能是情操或本能所提出的那些目的；培養理智，不過是提高完成這些目的的能力。可能有些人會主張教育人們讓他們了解自然和做壞事連結的懲罰；在某種意義來說，是正確的。然而這不過是表面上的正確。雖然他們可能了解比較嚴重的犯罪一般會帶來某種懲罰，他們不會清楚比較細微的犯罪也要懲罰。他們的過錯只能變得更加的不擇手段。

事實上，說這件事注定失敗是有十分充足的理由的 —— 就像這件事根本無法辦到的理由一樣。期望犯罪很快可以治癒，無論是透過國家教育，還是不允許犯人相互交談的監禁

制度、分居制度，或者任何別的制度，都是這些自誇實際可行的人們陷入了烏托邦主義的表現。除了利用適應人類所經歷的社會狀態的逐步的過程，犯罪是不可能治癒的。犯罪就是不斷的突破舊時不適合的本性 —— 不適合環境的性格的象徵 —— 唯有盡快的減少不適合，才有可能減少犯罪。希望有某種方法可以迅速制止犯罪，事實上是希望有某種方法可以迅速的制止所有的弊病 —— 政府，法律，徵稅，貧窮，等級制度等等；因為這些和犯罪是同出一源的。不對人們的本性進行改造，而對人們行為進行改造是不可能成功的。

不透過緩慢的讓我們具備文明行為的種種力量，而直接的期望可以改造他們的本性都是空想。說各種訓練或教化制度具有的用處，都是根據它們有組織的改變民族性的程度而言，而且它們絕對不能很大程度的改變民族性。要想將要求的變革實現，主要並非透過人力設計的各種方式 —— 雖然這些方式可能很不錯 —— 而是利用環境對人們施加的永不停止的行動，利用他們新的環境對他們的經久的壓力。

與此同時我們能夠指出，教育所可以實現的、不管什麼道德上的好處，都是要透過情感的教育來實現，而非理解的教育。如果代替讓兒童理解這件事是正確的，另一件事是錯的，你讓他感到它們是這樣 —— 如果你讓善行得到熱愛，罪惡受到憎恨 —— 如果你可以喚起一種高尚的願望，而讓遲鈍

麻木成為低等的願望 —— 如果你喚醒過去潛伏的情操 —— 如果你可以讓富有同情心的衝動去改善自私的衝動 —— 總而言之，如果你可以產生一種精神狀態，讓正當的行為成為自然的、自發的和本能的，那麼就可以說你做了一件好事。然而教義問答的關聯，道德準則的教學都做不到這一點。只有透過反覆的喚起適當的情緒，才能改變性格。只是透過理智接受的觀念，而缺乏來自內心的 —— 在那裡沒有根 —— 對行動沒有任何作用，進入實際生活後，很快就會被遺忘。

可能有人會說，上面描述的訓練是唯一有效的方法，可以由國家來執行。這無疑是可以的。不過，願上帝保佑我們，別再由立法試圖進行情感教育！

但是還有一個問題。正如我們經過嚴密的考察分析後發現的，政府透過濟貧法，並不能真正的解決貧困，只能讓貧困從社會的一部分轉移到另一部分，這個觀點看起來讓人震驚；我們還會發現，政府事實上也根本不能進行教育，而能做的也不過是讓另一些人不受教育，從而實現了讓一些人接受了教育。如果在對這個問題展開熱烈的討論之前，為教育做出一個謹慎的解釋，那麼他們可能已經發現了在這個問題上，國家其實無法並提供真正的幫助。然而不幸的他們已經忘了這樣做，他們的注意力完全都局限在了學校進行的教育上，忽視了研究他們的計畫對學校教育結束時所開始的教育

的影響。當然並非他們不清楚這種日常工作的訓練也一樣有價值。事實上，比教師的訓練價值更高。你們也許總能聽到他們這樣議論。不過以計劃者們一般表現出的熱情，他們會對他們所提出的機制的作用進行專心致志的研究，而將它的反作用忽視了。

在所有的品格中，人們最需要的是哪一種品格呢？群眾的貧困，可以歸因於哪種品格的缺乏呢？那些缺乏遠見的群眾，又是少了哪種品格呢？自我克制 —— 為未來的大滿足而犧牲現在小滿足的能力。一個具備了相當的自我克制能力的勞動者，絕對不會在小酒館裡，將他星期六夜晚的薪水花掉。如果手工藝工人具備足夠的自我克制能力，他就不可能在富裕的時候過分奢靡，而導致以後沒了生活來源。更多的自我克制能夠避免可出現輕率的婚姻和窮苦人口的增長。如果沒有鋪張浪費，沒有酗酒，沒有那些不考慮後果的繁殖，社會苦難可能沒有多大。

在考慮一下如何提高自我克制的能力。只是透過嚴厲的體驗，什麼事情都能做。這種自我克制能力得逗引才能出來 —— 教育的工作一定要交給自然的訓練，並且允許承受他們性格的缺陷伴隨的痛苦。輕率行為的唯一治療是輕率行為不得不承擔的痛苦。除了讓他直接面對嚴峻的必然性，並且讓他覺得她的法則是多麼冷漠，多麼的缺乏同情心，除了這

些以外，沒有什麼東西可以改進沒有管理好的欲望。

我們曾經表示，人性和人類生存條件之間設置的一切東西——濟貧法等等緩衝作用的後果——只能夠抵銷治療和延長痛苦。我們永遠都不能忘記，不管怎樣，法律乃是對環境的適應。如果我們將人們安置在人為的、錯誤的環境裡面，而不讓他們接觸他們所處地位的真實環境，那麼他們將會適應了這種人為的環境，而最終結果是被迫承受重新適應真實環境的痛苦。

所以，現在，和在別的情況下一樣，我們能夠感到後繼的考慮所嚴格執行的抽象法律的命令。被說成是國家手中的教育權已經得到了證明，根本站不住腳的。首先，從邏輯上來講，責成它的支持者接受其別的要求過於荒謬的，根本無法不能考慮。其次，無法進行解釋。再次，假如這種要求可以成立，就意味著政府專橫的執行它的訓練制度成了一項義務，而臣民服從它也成了一項義務。在教育問題上「消費者的興趣和判斷並非確保商品優質的充足的保證」，因此不應該將教育和別的事情以一樣的方式經營，這是有著最可懷疑的前提的抗辯；這種抗辯在別的情況下曾多次採用過，而且也被反駁了很多次。這裡所包含的假設，就是「政府的興趣和判斷」將可以形成充足的保證，也是不可採納的。相反的是，經驗可以證明。政府的利益以及政府設立所有機構的利

益，都是直接違背最重要的教育的。另一方面，又說什麼立法的教導是需要的，因為別的教導已經失敗了，從而預先假定一種人類進步觀，這種觀念是可憐而狹隘的；而且含有十分奇怪的懷疑態度，雖然自然力量已經讓人類的進步達到目前的高度，甚至眼下正以空前的速度向前發展，對此，他們卻任何反應都沒有。教育可以預防犯罪，這種信念無論是理論，還是實踐上都沒有任何根據，不能拿它當作干預的藉口。更糟糕的事情是，我們十分渴望的機構，原來是一架死去的機器，這種機器只能將它所吸收的一種形式的力量，以另一種形式的力量發出，減少摩擦力 —— 這個東西無法啟動實現這樣一種教育而不分散目前正在完成的那樣一種教育的力量 —— 因此，這個東西根本無法讓人們受到教育。

第六章　論詩歌

第六章　論詩歌

　　這裡，我不妨抓住這個適當的機會，說一些和我對詩歌的愛好有關的內容。我之前寫信給我的朋友洛特，討論和《解脫了束縛的普羅米修士》有關的內容，豐富的情感讓我寫下了這樣的一句話：「只是因為詩歌，我才曾經變得飽含熱情。」在我看來，我之所以這樣說，是因為這樣一個事實：詩歌讓我一個有機的需求得到了滿足──多樣化。我之所以說是有機的，是因為我能夠感覺到，這個需求貫穿了我的體質，從對食物的愛好開始。飲食單調不只是會讓人厭惡，還很快就會導致消化不良。一種類似的特性彷彿充滿了我的神經系統，一直到它最高的分枝。整個結構和結構的所有部分，以非常快的速度達到了正常活動的極限，如果超過了這種極限，進一步的活動一樣是不爽快的，是有害的。

　　無論這個事實這樣解釋是不是對的，這個事實本身是毋庸置疑的。甚至在我小時候，就對收尾有疊句的民歌十分厭惡；年齡稍大一些的時候，這種厭惡發展到了作嘔，甚至增強到了激怒的地步。對於這種沒有任何意義的重複一個觀念，有一種因為共鳴而感覺到的羞愧感。不過我也承認，在少數的情況下，比如要強調連續增長的情感，進行重複不僅是非常適合的，還是非常有效的；（比如在丁尼生的一首詩中「啊，Mother Ida，在我死之前，聽我講。」）但是，通俗詩歌所特有的重複是沒有任何意義的，而且還表現出了幼稚的思想貧乏。

彷彿是源於差不多的情況，我曾經長期對史詩都沒有什麼興趣——不愛好，部分是因為基本沒有變化的表達工具的形式，部分是因為素材的變化較少的性質：記事、插曲、奇遇——常常很多都屬於相似的東西。我的感覺是眾所周知的，差不多在二十年前，為了對早期希臘人的迷信行為進行研究，我開始翻譯古希臘史詩《伊利亞德》，在看完六卷後，我覺得繼續下去，我將面臨一件十分艱鉅的任務——我甚至覺得寧可花一大筆錢，也不想將剩下的部分讀完。略去書中那些讓人厭煩的列舉服裝的紋章，戰車和馬匹還有給人打擊和受到打擊的瑣碎細節，簡直連篇累牘，更不用說孩子氣的重複描述性的詞語，比如穿戴盔甲的希臘人、留著長髮的阿基加人、馴馬的特洛伊人等等（和問題沒有的表示性質、特徵的形容詞是有壞處的）；略去不少荒唐的事，比如在一次戰役裡介紹一匹馬的家系；不反對題材的不斷訴諸殘忍的熱情和沒有開化的人的本能；只是要說，喋喋不休的重複一次次的戰役以及演說讓我無法容忍就可以了。即使裡面的提出的思想可以引發愉快的感情，在素材和方法上沒有足夠清晰的對比也讓我十分反感。別的史詩也是一樣，讓我同情的主題，也是一樣。比如在我閱讀但丁的作品時，我立刻開始要求描述方式的變化和材料品質的變化，材質過於華麗、結構充滿美但是輪廓不美——一件華麗的、做工不怎麼樣的衣服。

第六章　論詩歌

　　另一個要求 —— 所有我喜歡讀的詩歌，都要具有強烈的感情。我曾在別處的地方講過：「雖然包含的材料是理想化的情感，但是表達的工具是情感的理想化的語言。」所以情感被視為詩歌的本質，我始終覺得，一篇優秀的詩歌，一個不可或缺的特徵，就是強烈的情感。如果不具備明顯的情感，那麼散文是更恰當的表達工具；只有情感明顯增強時，才適合用韻律的形式表達。無疑是因為這一點，我只有幾分為華茲華斯（Wadsworth）所吸引。在華茲華斯所有的作品中，我承認非常美的詩歌有很多，但是在我的感覺當中，他的大部分作品是啤酒，而非葡萄酒。

　　為了執行我前面講的概念，我偶而也會主張最高形式的詩歌，一定要是形式不斷的隨著材料而變化的；隨著情感波的增強或變弱，而讓它的詩歌特徵上升或下降 —— 時而下降到韻律只有一點，和以只有中等強度的詞和形象作為特徵的散文，時而利用各種等級，上升到韻律明確、隱喻的抒情生動的形式。我曾經試著創作一些具有這種形式的多相性作品，然而重大的成就需要具備出類拔萃的天才。

　　我當然不能談別人的要求；不過我的要求是 —— 少量的詩歌，並且是最優秀的詩歌。甚至真正的詩人都太多產了。如果他們沒寫那麼多，只寫現在總數的四分之一，那麼這個世界將會從中得利。對於打油詩人和小詩人，他們僅僅是幫

助將優秀文學湮沒在一批差的文學裡面。這種不斷的將舊的材料重新寫成稍稍有些不一樣的形式 —— 不斷的去描繪天空和星星，描繪海洋和溪流，描繪樹林和花卉，描繪日落和日出，描繪微風的吹拂和群鳥的歌唱等等 —— 有時候是描寫這些熟悉的東西本身，有時候是用在俗套的隱喻裡，有些已經徹底讓人感到疲倦了。一般這樣的詩歌並不是像泉水那樣湧出來的，而不過是抽出來；這樣抽出來的詩歌沒有讀的價值。

　　如果有辦法，沒有誰應該寫詩。如果可能，那就應該讓他忍住不寫；然而它如果噴出來了，那就可能是有價值的。

第七章　論藝術

第七章　論藝術

　　在庫格勒（Coogler）的《繪畫手冊》一書中，我讀到了這樣一段關於拉斐爾之死的話：「人們帶著宗教崇拜的心情來看他的作品，彷彿上帝透過拉斐爾揭示他自己，和從前透過先知揭示他自己一樣。」這種廣泛傳播的對拉斐爾的感情，和另一種同樣廣泛傳播的和對古代藝術大師的感情結合在了一起。這和在大多數人的心目中，印成聖經的紙張和印刷術變得神聖不可侵犯，用它去堵塞風口等行為是一種冒犯行為一樣，一幅按照基督教聖經的小事件繪製的圖像，在大部分的人印象中，主題本身就是無可挑剔的。平常人無法將技巧及其所代表的事物分隔開；對一件事物的譴責，在他們思想上就等同於對另一件事物的不尊重。對古代藝術作品的評論在這兩種感情的深刻影響下，總出現錯誤進行周密考慮的能力，被圍繞著他們的混亂的虔誠光環所影響，而處在被催眠的狀態。

　　所以，當我看到庫格勒對拉斐爾的〈基督變容〉這樣評論「我們以極為謙卑的態度進行評論是非常合適的」，當我發現那些自封的評論家卻拜倒在名聲前時；之前我對於古代藝術大師的喝采的懷疑，得到了證實。當庫格勒將那些對「繪畫中所包含的雙重行為」表示異議的人稱為「膚淺的評論家」時，我毫不猶豫的將我自己和他們歸進了一類；我也毫不猶豫的對這樣一種藉口拒絕接受：面對這種不幸的過失，用所

描繪的事件的環境「從歷史方面來解釋」。彷彿藝術作品中的一個根本缺點，能夠從了解這個缺點包含在所表現的畫面裡而抹掉！彷彿人們的眼睛會時而被吸引到衝突的興趣中心的這一邊，時而被吸引到那一邊，可以用這種解釋而進行避開。

當所批評的繪畫沒有在我們的面前的時候，詳細的批評不能理解；否則就可以對〈基督變容〉這幅畫提出很多批評。由於同一個原因，對於米開朗基羅（Michelangelo）一幅作品，就是在西斯汀教堂的天頂畫〈創世紀〉，只能給出一般性的評論，如果這些作品是最近這些年創作的，造物主的想法很少超越上帝和亞當的形象中創造的想法可能會讓我們感到驚異；而且我們可能會說，讓亞當的身旁出現夏娃的行為，與其說像一個神，還不如說更像一個魔術師。然而，我們會看到當代的新教徒路德（Luther）在他的《桌前漫談》裡這樣說：「如果上帝更有遠見，他可能非常快而且非常容易就富裕了，不要我們使用他的創造物。」還宣布了他的信念，「每年上帝僅僅為維持麻雀所花費的錢，就要比法國國王每年的收入多了」——當我們發現一位宗教改革家的思想都這樣具有鮮明的人的特點時，我們就無法期望抱著沒有改革的信念的米開朗基羅具有和這具有鮮明的人的特點不一樣的思想了。因此，將這一類批評拋開不談，同時還要承認有人物和群像

很多畫得都非常精彩（儘管它們在他用超自然的肌肉的碩大來表示精神上的優越這一點上太明顯了），讓我講一些和一般裝飾品有關的問題。在這裡，藝術上的缺陷和英國人會客室一般存在的缺陷屬於一樣的性質，為的是要實現兩個互相排斥的目的 —— 構成一個美好的整體，又包括一群美好的部分。我們將總會看到雅致的大會客室裡擠滿了好多的繪畫或雕刻作品，包括小雕像、花瓶、古董等，除了將會客室變成了畫廊或者古玩陳列室以外，沒有任何別的了；會客室的通常印象，就這樣消失在了眾多小東西所產生的印象中。然而如果一個房間本身要想成為一種藝術品，那麼它應該是這樣的：繪畫作品、小雕像和小的裝飾品，數量上一定要比較少，這些東西的布置，一定要布置得好像很多個構成部分，其中沒有任何一件是十分突出，足以分散對整體的注意力。任何一處內部裝飾，無論它是大的還是小的，是什麼用途的，包括西斯汀教堂內部的裝飾，的確都是這樣的。如果將其視為藝術品的貯藏室，那麼因為它在這些藝術品，或者至少大多數的藝術品的陳列上做得非常差，因此它是存在缺陷的。如果將它本身視為一件藝術品，那麼，因為它可作裝飾的部分的效果，和整體的效果形成了較明顯的衝突，因此它算不上一件較好的藝術品。它作為整體的缺陷，和它的主要部分之一 —— 〈最後審判圖〉的壁畫是一樣的缺陷；眼睛盯著這幅

畫漫遊，無法將它的各個部分聯合在一起。

　　如果對古代藝術大師繪畫的讚揚有一些辨別力 —— 假如只稱讚這些畫的某些優點，同時對它們的缺點也予以承認，我應該沒什麼異議。假如每一幅畫都受到過或多或少的讚揚，認為對它那個時代來說，以那個還不成熟的思想和情操及未經過訓練的認識為特點的精神文明來說，還算是比較好的，我應該會同意其中的不少作品都值得稱讚。但不過這種稱讚是絕對的，不是相對的；它們最大的不合理的東西往往略過去，不加評論。比如圭多‧雷尼（Guido Reni）的一幅壁畫很受讚美：〈曙光女神〉，這幅畫的構圖美是無可挑剔的。〈季節三女神〉的形象在繪製和結合上都十分的雅緻，這一點也是毋庸置疑的。它的某些沒那麼引人注目的缺點，也是可以得到適當的原諒的。〈季節三女神〉的行動不能讓她們和馬車並駕齊驅，有些衣飾，因為縛在經「和他們自己同樣速度的風」吹拂的人物形象上無法表現一定的形式，這些缺陷通常拋開不談；因為，如果主體是超自然的，騰雲駕霧之類的特徵，就不是透過可以觀察的事實的一致性檢驗的。然而因為主體的超自然性，不會原諒人物畫中徹底的和自然背離；因此，在光線和陰影方面的徹底背離自然是不能原諒的。首先，馬車前進中的鄉村，並非照耀在馬車暗淡的燈光之下，而已經是白晝了 —— 這裡的日光是解釋不了的。然而第二個

缺陷更加值得注意：所有的 —— 馬和馬車，女神和她們的衣飾，甚至包括太陽神自己 —— 都是被從外面照亮了：都被某個未知的光線來源（某個其他的太陽）照得能夠看清楚！還有另一件應該注意的事，也很奇怪。飛行中的少年攜帶的火炬 —— 這是構圖中表現的唯一光線來源 —— 根本就沒有放射出光線。甚至火炬連背後的少年的面龐都沒有照亮！而且，還不光是這些。最為荒唐的，是這個火炬的不發光的火焰自身，卻被別處的光給照亮了！顯然是由一個未知的發光體照出了火焰形式的光線和陰影，它照亮了所有的東西，照亮了整幅繪畫！所以，我們有了如此多的荒唐。除了這些以外，它們還替換了在沒有出現無緣無故的違反自然的情況下有可能產生的非常好的效果。如果太陽本身代表微弱的勾劃輪廓的來源，從那裡將馬匹、女神、衣飾、雲彩和暗淡可見的地面照亮，可能產生了多麼壯麗的光線和陰影的結合：並非奪去，而是強化形式的美。

我曾聽人這樣說：「你絕不能對古代藝術大師這樣批評，你一定要將他們的作品所表現的觀念和情操，還有他們的作品所表現出來的巧妙的構圖考慮進來，同時還要對這些技巧上的缺陷表示寬容。」要是篇幅允許的話，我這裡可能要問一下，有多少情況，是存在這種所謂的優點的。不過，我沒打算進行這種抗辯，我願意局限於那些被歸入技巧性的那些

缺陷；我回答說，不應該寬容這些缺陷。有人這樣向我證明，在讀一首詩的時候，我所想到的，只應該是詩所包含的觀念的優美，那些不通的語法，不完全的詩體，不和諧的措詞，刺耳的韻律，前後矛盾的隱喻等等，都不要去管，我於是承認了，如果我去打算買一幅畫，這些事實我都可以不用管，而且還是正確的：光線來自好多個不同的方向，或者某個未知的地方。當我被說服去傾聽一支樂曲時，我不應該在意那些不合調的音調，錯誤的拍子，刺耳的音色，還有缺乏區分度的輕奏樂段和強音樂段，只應該感受作曲者想要傳達的感情，所以，我同意可以不去在意下面的這些事實是恰當的，也就是一幅畫的陰暗部分被非常不自然的增強了，導致陰暗部分的陰暗程度處處都一樣（這個缺陷不能找因為時間關係陰影變黑作為藉口）。雖然我完全承認，或者說可以確定無誤的斷言，在繪畫藝術裡面，和如實的表現情感、行動和戲劇性的結合相比，如實的表現事物的物質方面的確是一個次要的因素；不過我還是堅決認為，要首先一定要做到前者，才能適當的欣賞後者。要首先有良好的表達思想感情的工具，才能讓觀眾深切感受到所要傳達的東西。對於一幅畫來說，首要的要求是它絕不應該衝擊自然外觀的感覺 —— 我這裡的意思是有素養的感覺。如果像古代藝術大師的不少作品那樣，一群畫像站在室外，透過室內的光線和在畫像上的陰

影來表現；如果觀眾粗略的觀察自然，沒有發現這種不協調的情況，並沒有因此而讓他不能注意構圖或情操；這個事實對此也就是無關緊要的。判斷的標準一定是那些擅長觀察的人的標準——不擅長觀察的人的標準不行。如果那些在自然觀察一幅畫時不辨真假的人的判斷我們可以接受，那麼我們無疑就可以名正言順的進一步讓我們的審美觀念和村民的審美觀念保持一致：他將一個顏色華麗但是俗氣的鸚鵡模型放在壁爐臺上，又在牆上貼上了穿著藍衣服和黃馬褲的回頭浪子的彩色圖片。

無疑會有很多人對此提出問題：「那麼專家怎麼樣？他們可是最具備能力的鑑定者，他們又怎麼會稱讚這些在你看來不值得尊敬的同樣一些作品？」

我的第一個回答是，如果了解真相，問題就不會提得那麼猶豫；因為任何一位專家都不會像人們所想像的那樣想。隨著宗教正統觀念的產生，審美的正統觀念也隨之產生；對審美的正統觀念不同意，和對宗教的正統觀念的不同意一樣，都會對持有異議的人帶來大多數人的擯棄，這裡面一般包括所有的掌權者。所以，這就造成很多藝術家——尤其是那些害怕觸怒官方的年輕藝術家——抑制住不將他們內心對傳統名聲的想法講出來。因為我可以證明，在這些年輕的藝術家當中，有不少人並沒有參加平常對過去畫家的讚揚

合唱，但是他們深知，如果發表他們那些違反公認標準的意見，就可能為自己樹敵。不過如果當他們有充足的理由確信，他們所講的話不會因為被當作左道邪說而為自己帶來懲罰，他們發表的意見就和他們被假定主張的意見完全不一樣了。

我第二個回答是：只要對藝術家公開表示稱讚，而沒有伴隨採用被稱讚的藝術家的實踐，那就沒有什麼用處。據說模仿是最為真誠的捧場方式 —— 或者說它應該不是最為真誠的捧場方式，而是最為真誠的讚美方式更精確一些；而且古代藝術大師有很多特點是特別好模仿的，如果藝術家對這些特點進行真正的讚美，就可以對他們進行模仿。讓我們再選擇明、暗色調作為例子。在大部分的情況，古代畫家採用層次不同的黑色來描繪陰影：就像每一個少年初學繪圖時那種緘默的設想。然而近代的畫家並沒有以此作為榜樣。雖然現在的藝術家並沒有為自己下這樣的判斷，只要是間接的和一般屬於擴散的光線照射到而直接的光線不會照射到的地方，必然具有這種擴散的光線的正常的色彩（通常受到從附近某些特殊物體反射的特殊光線的限制），所以陰影可以根據具體情況的不同，而具有任何一種的色彩；不過他的和這個真理有關的經驗性知識，讓他有意的避免了他的前人通常犯的錯誤。我們再來舉一個例子。在開始時，一種很自然的設想是

退出光線的表面必然會變得更加陰暗，遵循這種設想，我們一般看到古代繪畫的陰暗部分，那些遠離中心的部分會較為微弱，而離邊緣較遠的部分會特別黑暗 —— 這種對比一定原來就有的，不能是年代久遠導致的。不過現在只有初學者才會習慣這樣做。那些受過訓練的人會明白，一個陰影的內部一般並不會比它的外部更黑，在某些特殊的情況下，陰影的內部甚至還會比接近邊緣的部分還明亮一些；而且他幾乎沒有發現過要求他用不透光的黑色描繪陰影的內部的情況。此外，在古代繪畫中，通常有一種類似的錯誤，彎曲的表面，比如天體邊緣，顯出離開一般光線，往往並不會顯出它們的下陷的表面的有限的部分被背後物體的輻射照亮；在大部分的情況下，它們的確是這樣的。不過在近代繪畫作品中，這些反射的光線是畫進去的，於是給予了真正的圓形的外表。

因此我說，就一些最為明顯的特點來說，它們是非常好模仿的，但是我們這個時代的藝術家卻非常的小心謹慎，避免像古代藝術家那樣去做；既然事實如此，如果他有所頌揚，也沒有什麼用處。當我們一定要在從言詞得來的證明和從行動得來的證明之間進行選擇，我們也許寧願選擇從行動得來的證明。

第八章　論音樂

第八章　論音樂

　　我現在想提一個問題，音樂的功能是什麼？除了音樂產生的即時的樂趣以外，它的作用還有哪些呢？類推的方法讓人聯想，它還有其他的作用。一次豐盛的晚餐的享受並不就此告終，而是對身體的健康是有幫助的。雖然人們結婚的目的並不是維持種族的綿延，但是促成種族的維繫的，正是迫使他結婚的熱情。父母的慈愛是一種感情，雖然這種感情由此產生了父母的幸福，也保證了子女得到了養育。人們喜歡累積財產，常常並非想到了財產所產生的好處；然而就在追求獲得物的樂趣時，他們開闢了達到別的樂趣的道路。希望獲得大眾讚揚的願望，讓我們做了不少我們本來不會去做的事情——從事一些十分艱苦的勞動，面臨重大的危險，習慣了按照協調社會交流的方法來控制我們自己：即我們在讓我們認可的愛好得到了的同時，推動了各種不一樣的、進一步的目的。通常來說，我們的本性是這樣的：在滿足一個願望時，我們以別的某種方式促進別的願望也獲得滿足。然而對音樂的愛好，好像是為了他自己而存在的，對旋律和和聲的愛好，對於個人或者社會的幸福來說，並沒有明顯的幫助。但是，我們能否懷疑這個例外不過是表面上的？拋去音樂給予的直接樂趣，還有別的什麼間接的好處呢？——這難道不是合理的鑽研嗎？

　　不過這種鑽研會讓我們遠離我們的思路；我們不應該進

行這種鑽研，而應該稍微詳細說明一下一般的演化規律。這種演化規律是，各門科學，各門藝術，各種職業，都是具有共同的根源，不過因為不斷的分叉，已經變得各不相同，目前處在分開發展的各個部分，並非真正的獨立，而是互相發揮著作用和反作用，並且共同進步的。不管怎樣，僅是暗示這些，許多類似的情況都可以證明我們是對的，我們進而表達這樣的意見，就是在音樂和言語之間，有這樣一種關係存在。

所有言語都是由兩種成分合成的：言詞和言詞發出的語調 ── 觀念的符號和感情的符號。某些發音可以表達思想，某些有聲響的音可以痛苦或快樂，由思想給予，程度上存在或多或少的差別。在非常擴大的意義上使用聲音的抑揚這個詞時，它包含了聲音的所有修飾，我們可以說聲音的抑揚就是情感對理智的命題的評注。口語的雙重性，雖然沒有獲得正式的承認，而且每個人都知道，語調的重要性往往高於言詞。日常經驗可以提供很多個實例；同樣是一句表示不贊成的話，按照伴隨聲音的變化不同，可以理解為非常不贊成或有一點不贊成；同時，我們還可以在日常經驗裡找到更為引人注目的例子，言詞和語調直接是矛盾的 ── 言詞表示的是同意，而語調表示的是反對；我們通常是相信後者而不是前者。

第八章　論音樂

　　言語的這兩種不一樣但又交織在一起的成分，同時發展。我們知道，在文明發展的過程中，詞彙得到了增加，又引進了新的詞類，句型發展得越來越複雜；我們能夠進行這樣公正的推斷，在同一時期內，新的變音、新的間歇得以使用，聲音的抑揚越來越複雜。這是因為，一方面雖然假定和沒有發展的不規範的詞語形式並存著一個發展的變音系統，這種假設是非常荒謬的；不過另一方面，又必須假定，和為傳播文明生活的越來越多和複雜的觀念所需要的比較高階和比較眾多的詞語形式一道，發展了表達適合這種觀念的感情的比較複雜的聲音的變化。如果說理智的語言是一種生長的東西，那麼感情的語言毫無疑問也同樣是一種生長的東西。

　　我們前面所暗示的假設就是，音樂除了它帶來的直接的樂趣以外，還具有的間接效果就是發展這種感情語言。正如我們試圖說明的，音樂的根源，在於表達感情的言語的那些語調、間歇和抑揚之中 —— 音樂透過語調、間歇和抑揚的結合和強化，最終將其自己展現了出來 —— 音樂始終對言語產生著作用，並持續增加它表達感情的力量。在宣敘調和歌曲中，表現的變音的使用比普通的變音多，一定要從一開始就發展普通的變音。熟悉出現在聲音裡的、變化比較多的聲調的結合，絕對不會不讓我們表達我們印象和願望的聲調的結合產生更大的變化。可以合乎情理的假定，作曲家用來表達

複雜感情的複雜音樂短句，已經對我們會話中複雜的抑揚頓挫產生了影響，我們透過會話的抑揚頓挫，來表達我們那些較為微妙的思想和情感。

幾乎沒有人會荒唐到主張音樂的修養不會對心智產生影響。如果說音樂的修養可以對心智產生作用，還有什麼能比發展我們對聲音的轉調、品質和抑揚的意義的理解，並讓我們使用它們的能力相應提高更加自然的影響呢？正如數學，從對物理學和天文學的現象進行研究開始，不久發展成為一門獨立的科學，後來又反作用於物理學和天文學，讓它們獲得了重大的進展；正如化學，最初產生於冶金術的工序和工藝，逐漸發展為一門獨立的研究，目前已經成為所有生產的助手；正如生理學，產生於醫學，也一度從屬於醫學，不過後來獨立發展研究，現在漸漸成為醫學的進步所依靠的科學；同樣，音樂的根源是感情語言，逐漸的從感情語言中獲得發展，又不斷的反作用於感情語言，進一步促進感情語言的發展。

我們並不能期望可以支持這個結論的直接證據有很多。這種事實很難測量，同時，我們也沒有相關的紀錄。不過我們可以指明一些示意性的特點。比如近代音樂發展最早的義大利人，他們在旋律方面（我們的論點主要是和音樂的旋律有關的這部分）的練習非常多，並且擅長旋律 —— 我們難

道不能說，這些義大利人講話的時候，比任何別的民族用的不一樣的、富於表情的、曲折變化的抑揚頓挫更多？另一方面，我們難道不能說，蘇格蘭人往往局限於他們的民族曲調，這些曲調具有明顯的相似性，彷彿都是親屬，所以他們只習慣於有限的音樂表達方式，他們言語中的間歇和抑揚特別單調？

再者，在同一民族的不同階級裡，我們不是發現了具有同一類含義的差別嗎？在語調的多樣化方面，紳士和鄉下人形成了極為鮮明的對比。先聽一位保姆談話，再聽一位文雅而才藝出眾的貴婦人談話，後者的談話裡所採用的比較雅致和複雜的聲音的變化，將會非常的惹人注目。目前，在上流社會和下層社會所遭受的一切文化方面的差別裡面，並沒有到可以將言語的差別單獨歸因於音樂文化差別的地步，不過我們能夠公正的說，在言語差別和音樂文化的差別之間，似乎比任何別的方面之間所具有的因果關係都要明顯。所以，雖然我們可能求助的歸納的證據僅僅是含糊的、不充足的，然而一切證據都對我們的觀點表示支持。

可能有很多人會這樣想，這裡指定給音樂的功能非常不重要。然而，進一步的思考也許讓他們得出正相反的信念。從音樂對人類幸福的關係的角度來說，我們確定，音樂文化所發展和精練的感情的語言，其重要性僅比理智的語言低，

也可能甚至和理智的語言一樣重要。因為感情所產生的聲音的改變，乃是激發其他人同類感情的重要方法。它們和面部表情還有手勢聯合起來，賦予了理智用來表達其觀念的呆板的詞語生命，從而讓聽者不僅了解了它們伴隨的心理狀態，而且也參與到了那種心理狀態當中。總而言之，它們是同情心的主要媒介。如果我們考慮一下我們全體的幸福和即時的樂趣對同情心是多麼的依賴，無論什麼東西，只要能夠增強這種同情心，我們都會承認它的重要性。如果我們將這些牢牢記住：人們是因為他們的同情心，而讓他們彼此舉止公正、友愛和體諒；野蠻人的殘忍和文明人的人道之間的區別，是增加了同情心的結果；這種讓我們可以將歡樂和憂患共用的能力，是所有高尚的感情的基礎；同情心，乃是友誼、愛情和所有的家庭樂趣的主要成分；我們多少直接的滿足被同情心所強化；在戲院、音樂會或者展覽館，如果沒有人來和我們分享，我們將會怎樣失去至少一半的樂趣；總而言之，如果我們牢牢記住，我們一切超出沒有朋友的隱士所能有的幸福，都是這樣的同情心的結果，我們就會發現，我們絕不會將傳遞同情心的各種媒介的價值預估過高。

　　文明的趨勢越來越抑制我們性格裡的那些對抗的成分，發展社會的成分 —— 對我們純粹的自私自利的願望進行控制，讓我們不謀私利的願望得到鍛鍊 —— 用別人的幸福所產

生的滿足，或者包含別人的幸福的滿足取代個人的幸福。我們本性裡同情的方面透過對社會情況的適應而得到展開時，會同時漸漸的形成一種同情互動的語言 —— 有了這種語言，我們將自己感覺到的幸福傳遞給了別人，與此同時，也讓我們自己成為了他們幸福的分享者。

我們已經充分的感覺到看這種雙重過程的效果，至於這個過程必須繼續進行到什麼樣的程度，我們現在還沒有合適的想法。我們感情的慣常的隱蔽，會隨著我們的感情變得無須隱蔽的程度而越來越少，同時隱蔽的減少也是必須的，我們能夠就此斷定，感情的流露將變得遠比我們目前勇於讓它流露生動；這就意味著另一種感情語言，更富於表情的。同時，到目前為止，那種更高尚、更複雜的、只被少數有教養的人所體驗的那種感情，將會變得更為普遍，而且將有感情語言的相應的發展為更加複雜的形式。正如有著曾經靜悄悄的逐步形成的一種觀念的語言，雖然這種語言一開始是比較粗糙的，不過，現在它讓我們可以將最為精微和複雜的思想精確的傳達出來；因此，還有著靜悄悄的正在逐步形成中的一種感情的語言，即使這種語言現在還算不上完美，不過我們可以期待它最終將讓人們可以將自己時時刻刻所體驗到的感情，生動的和完美的傳遞給彼此。

所以，如果像我們努力說明的那樣，促進這種感情語言的發展，就是音樂的功能所在，那麼我們能夠將音樂視為達到它所模糊的預示的較高的幸福的一個助手。音樂所激起的對沒有體驗過的幸福的那些模糊的感情，音樂所召喚的不了解的理想生活的那些含糊的印象，能夠視為一個預言，音樂本身部分的有助於這個預言的實現。可以將我們具有的那種被旋律和和聲所感動的奇妙的能力視為包含兩層意思，即實現它們朦朧的暗示的那些比較強烈的快樂，是在我們的本性可能範圍以內的事，同時在某種程度上，它們也和那些快樂的關係存在關聯。按照這種假定，就可以理解音樂的力量和意義了，否則它們就是一個謎題。

　　我們不過是想進一步的說，如果對這些推論的可能性予以承認，那麼一定就要將音樂作為最高階的美術 —— 和任何其他美術相比，音樂對人類的幸福是最有幫助的。所以，即使看到音樂每時每刻所產生的即時的喜悅，不管我們如何歡呼正在成為我們時代的特徵之一的音樂文化的進步，都不會是過分的。

第九章　論文化

第九章　論文化

從最廣泛的意義來說，文化就是完美生活的預備。首先它包括，有效的自我保持和家庭保持所必不可少的，或者對自我保持和家庭保持有幫助的所有訓練和所有知識。其次，它包括一般官能的發展，讓各種官能可以適應利用自然和人類為易起反應的心智提供各式各樣的樂趣的資源。

文化的這兩部分的第一部分，不只在倫理上具有約束力；在倫理學上，它就是命令。適合獲得生活事務的能力，先是對自己的責任，然後是對別人的責任。如果我們在適合這個標題下包括 —— 我們一定要包括 —— 一定從事體力勞動的人所需要的技能和所有較為高階的技能，那就變得非常明顯（那些免費得以維持生活的人不計在內），如果沒有這種適合性，就無法進行健康的物質生活，並且對子女的教育也無法進行。此外，如果忽視了獲得適當的維持自己和子女的能力，就一定要勞累其他的人提供幫助，或者，如果他們拒絕提供幫助，那就一定讓他們遭受沉思苦難而導致的痛苦。

至於說文化的第二個部分，不應該提出命令式的義務。那些持有禁欲主義人生觀的人，沒有贊成目的為增加某種文雅的樂趣的官能的訓練的理由；我們在貴格會教徒裡發現實際上的確會產生漠視。往往是拒絕某種訓練的一部分。只有那些在心態上接受了享樂主義的人，可以為填補休閒時間的這種或那種滿足做好準備，始終提倡這種理智和感情的訓

練。他們只能把這種訓練視為他實現完美生活所必不可少的，因此具有倫理上的約束力。

讓我們從這些一般的文化觀念，本質的和非本質的，進一部分再分析文化的幾個部分。

有一個文化的部分經常被忽視，那些從這部分文化裡得以維持生活的人，和並不是從這部分文化獲得物質利益的人，應該同樣對這部分文化進行了解。這部分文化可能排在第一位是比較恰當的。我指的是用手操作的靈巧。

在那些工作於生產性行業的人裡，用手操作的靈巧是對生活的恰當準備，這一點不存在什麼爭議；雖然在現在，甚至對需要用手靈巧的男孩，都幾乎不鼓勵他們去獲得用手操作的技能：能夠得到培訓的，只有各種體育運動的技能。不過那些想獲得比較高階的職業的人，也應該學習用手操作的技能和知覺的敏銳性。如果四肢笨拙，或者無法靈巧的使用手指，那麼就會不斷有小的禍患，偶爾還會有大的災難；而相反，熟練總能夠幫助自己，或者讓別人幸福。一個在感官和肌肉的使用方面有過很好的練習的人，和那些沒有練習經歷的人相比，遇到意外事故的機率會小得多；而且，即使發生了事故，在糾正危害方面，也一定更為高效。假如沒有忽視這個明顯的真理，那麼將下面這一點指出來也許是荒謬的：既然四肢和感官的存在，是為了調節對周圍事物和運動的活

動，那麼完成這種活動中獲得技能，就是任何一個人的職責。

不要覺得我現在是在提倡向這個方面擴充正規的文化。正好相反。將整個教育分成一堂一堂的功課，是這個時代的一件壞事。與普通的熟練技能培養一樣，用手操作技能的培養應該在達到別的目的的過程中獲得。在任何一種合理進行的教育中，都一定有無數的可以練習手藝人和實驗者不斷的發動的官能的機會。

理智修養的第一個方面和之前描述的文化有關；像四肢和感官的訓練，就是讓它們適合直接處理周圍事物那樣，不同程度的智力，則是指導越來越複雜的間接處理的力量。理智的比較高階的成就目前變得離實際生活那麼遠，以致通常都忘記了他們和實際生活的關係。然而如果我們記得，用棒子將一塊石頭抬起，或者用槳推動一艘船前進，我們是有使用槓桿的例子；發射削尖的箭頭然後利用它的降落，正是對某些動力學原理不言而喻的承認；從這些對演化的早期的模糊認知，能夠一步步的追蹤到數學家和天文學家的概括；我們看見，在未開化的人的粗糙的知識中，科學正在逐步的形成。如果我們沒有忘記，就像未開化的這種粗糙的知識在他維持生活的活動方面發揮了簡單的指導作用一樣，發展中的數學和天文學知識，則在指導工廠和公司辦公室的活動還有船舶掌舵方面發揮著指導的作用，而發展的物理學和化學則

對所有的生產過程進行著指揮；我們看到，在一個極端像在另一個極端一樣，促進人們有效的處理周圍世界的能力發展，好能滿足他們的欲望，是理智修養的最主要的目的。

甚至我們辨認為屬於實際的那些目的，如讓我們熟悉事物性質的理智的修養，也應該比一般認為需要的廣度更加廣泛。為某種事情做準備太特殊了。擁有適當的某一類自然知識，而沒別的類的知識是不可能的。每一個物體和每一個行動，都是同時在呈現許多不一樣種類的現象 —— 數學的、物理學的、化學的 —— 在很多的情況下，還有別的重要的現象；這些現象交織在一起，對其中任何一組現象有了充分的理解，就對其餘許多現象有了部分的理解。雖然乍看起來，這樣提出認為必需的智育的廣度可能無法行得通，其實並不是這樣的。如果教育可以正確的進行，則每一門科學的基本真理都能夠清晰的傳遞給學生，讓他們牢牢的掌握，同時他們還掌握了很多一般與這些科學一起講授的知識。在他們熟悉幾門科學的基本的真理，並理解了它們的主要含義後，就有可能對任意一批現象形成比較理性的概念，並且同時為一種特殊的職業有了充分的準備。

理智的修養當中，構成各門科學的知識的那一部分，對自我維持和維持別人有幫助的，是具有間接的倫理上的約束力，與此同時，還具有直接的維護道德的約束力。有生命的

和沒有生命的世界，再加上周圍的宇宙萬能，對一個保姆、農家孩子、雜貨商，不！甚至對一位普通的古典語學者或文人，沒有對那些對到處都在進行著的無窮小和無窮大的活動已經獲得某種概念，並且可以從技術以外的方面來對這些活動進行考慮的人呈現那麼宏偉的全景。

如果我們設想這一個場景，一道微光照進一間裝飾十分豪華的廳堂，燈光靠近牆的某個部分，我們只能看到牆的一小塊樣子，而其餘的部分還都處在黑暗當中；如果不是一道微光，而是我們將電燈打開，則整個房間和室內的各式各樣東西都同時出現在我們的面前；這樣，對完全沒有教養的人和有高度教養的人所設想的自然的不一樣的面貌，我們就有一些概念了。任何人只要是能適當的懂得這種龐大的對比，都會看到，只要正確的就吸收了科學，就可以讓精神生活奮發昂揚。

還有一個結果一定要了解。對一切各類現象的研究，在對這些現象獲得適當的一般概念時，有的時候在這個方向，有的時候在那個方向，通向沒有一種探測可以超越的限度，對於認識我們和事物的最終奧祕，這種研究是必要的；對喚醒我們可以恰當的看作和倫理意識關係密切的意識來說，也是必不可少的。

科學知識的所有詞義，是包含社會科學的知識的；科學

知識還包括了一定的歷史知識。這種知識是政治指導所需要的，所有的公民都應該努力掌握。雖然我們從中汲取真正的社會學概括的事實，其中大部分事實，只在我們學校課程所忽略的未開化的和半開化的社會才會存在，同時也需要發達國家的歷史所提供的一些事實。

然而，除了主要需要注意的歷史中非個人的因素以外，還可以恰當的注意一下個人的因素。各個時代沒有受教育經歷的人所默默的主張的，還有近代學者明確闡明的歷史中的偉大人物理論，主要觀點是歷史的知識，是由統治者還有他們的活動的知識所構成的；因為這個理論，有不少人願意講死人的閒話，但是並沒有比愛講活人的閒話更受人尊敬。然而即使沒有和帝王和教宗、大臣和將軍有關的資料，即使再將和陰謀、條約、戰役有關的，詳盡無遺的了解補充進去，也不會對社會演化的規律有一點點的認識；儘管在一切進步的國家，分工已經進行，儘管不顧立法者的意志，甚至可能是沒有受到立法者的注意，這一事實依然足以說明，形成各個社會的許多力量會撇開並且往往是不顧知名人物的目的，而制訂出它們的結果；然而，可以恰當的期待適度數量的知名人物和他們的行動。每個人都應對人類進步的以往各階段有所了解，如果將各種人物的思想以及和他們有關的事件完全拋棄，那麼就會讓對這些階段的設想陰暗不清。此外，要

適當的擴大和一般人性有關的概念 —— 證明人生所能達到的極限，偶爾是好的，大部分是壞的，有一些這方面的知識是必不可少的。

和上面的這種修養一起，自然還會有純粹的文化修養。相當分量的文學修養應該包括在完美生活的預備裡面，這是自不必說的。需要說的不如是在適當協調的教育中，還有在成人的生活中，指定給文學的地位應該比它現在所占的地位少。幾乎任何一個人都傾向於安逸的腦力工作；或者用很少的努力就可以產生舒適的刺激的腦力工作；在這方面，對大多數人來說，歷史、傳記、小說和詩歌的吸引力要比科學大 —— 和適用於產生指導作用的一般事物的知識相比，吸引力更大。

這時，我們絕對不可以忘記，如果站在享樂主義者的觀點來看，將這種直接獲得的快樂考慮進去，文學修養能夠提出高的要求；我們還應當承認，從提供隱喻和所引喻的材料有助於表達的豐富和力量來看，文學修養對精神力量和社會效益的增加有幫助。缺乏文學修養，會讓談話變得單調。

像在別的事物中一樣，在文化方面，人們傾向於一個極端或者另一個極端。或者像絕大部分的人，根本不追求文化，或者像極少部分的人，幾乎獨占文化，而且往往產生了災難性的結果。

愛默生（Emerson）說起過紳士，首先必須是應該是優良的動物，這是任何一個人的第一個必需。在生活過程中犧牲動物，即使在特殊的情況下，這也許是能夠進行辯護的，不過作為一般政策就不能辯護了。在我們的實證知識的範圍內，無法找到一個我們看得見精神而沒有生活的地方；也無法找到一個我們看得見生活而沒有身體的地方，無法找到一個我們看得見完美的生活 —— 這種生活無論是強度、廣度還是長度都很高 —— 而沒有健康的身體的地方，每一次破壞身體健康的規則，都會導致對身體的傷害，最終在某種程度上危害到了心理的健康，雖然往往是以無形的方式。

因此，訓練一定在別的需要的條件下進行。它的分量一定要和身體健康一致，並且對身體健康有益；它還一定要不僅和所練習的心理能力的正常活動保持一致，還要和別的所有能力的正常活動保持一致，並且不僅所練習的心理能力的正常活動有幫助，而且還要對別的所有能力的正常活動有幫助。當訓練進行到減少生氣的程度，並且導致了對各種自然的享受毫不在乎時，這就是一種濫用；當訓練推行得對一些科目的注意過分緊張，以致像總發生那樣引起厭惡時，那就更是濫用了。

尤其是對於婦女，一定要譴責過度訓練，因為過度訓練會導致極大的傷害。有人和我們說，哥登學院和紐納姆學院

第九章　論文化

現在進行的高等教育，並不符合保持健康的要求；如果我們把那些被迫停止的人算進來，這好像是真實的。我是經過了一番考慮，才說「好像是真實的」。所謂的健康，有各種不一樣的程度。通常如果沒有明顯的身體失調的話，就可以稱為健康，並獲得承認；然而這樣的健康，距離顯得情緒高漲和精力充沛的高度健康，還有很遠。尤其是婦女，她們好像是健康的，然而並不符合種族的要求。因為在體質上，婦女比男子需要更多的剩餘活力，用在了物種的綿延上。如果身體的負擔過重，在留出進行個人生活的那部分活力明顯被侵占之前，這一部分的活力就會相對的減少。活動的代價，尤其是大腦活動的代價特別高，這種代價是一定要支付的；如果支付過多，就不能償付而不減少應該用於維繫種族的儲備力量。生殖的能力在某種程度上被減少了 —— 有時會減少到無法生育的地步，更常見的是無法產乳的程度，在很多情況下程度比較輕，我就不專門舉出來提了。我有充分的證據可以說，訓練過度的一個較長遠的後果，就是讓家庭關係疏遠了，這個是很常見的。

讓我再說，如果我們的課程是比較合理的，男子和婦女同樣可以獲得適當高的文化，而沒有受到什麼傷害。如果將目前被認為是良好的教育所包含的沒什麼價值的知識略去，一切為指導所需要的知識，其中大多數作為一般的啟蒙，還

是可取的，還有不少是被認為是作為裝飾的，這些知識可以學會，而沒有什麼有害的反應。

除了對文化的利己主義動機外，還需要再加上利他主義的動機。一個沒有什麼知識的人，完全沒有官能的訓練所給予的理智生活，是完全令人厭煩的。成為一個可以產生樂趣的人，這是一種社會的義務。所以，文化，尤其是對讓人快活有幫助的文化，具有倫理的約束力以及一些更多的東西。

這一點對審美文化來說尤為正確，到目前為止我還沒有講過這個問題。雖然應該責成審美文化為最完美的生活和幸福所要求的自我的最高度發展提供幫助，也應該責成它增進滿足附近人們的能力。雖然造型藝術、音樂和詩歌的實踐，一般主要鼓勵它們引起不具備審美方面修養的人所不具備的對樂趣的敏感性，然而，對於那些天賦稍稍高於平均能力的人，應該出於仁慈的動機，對他們樂趣敏感性的發展進行引導。音樂在最高的程度上就是這樣；協奏曲個人的成分是次要的，應該超過別的所有藝術，根據利他主義的理由進行培養。不過有一點應該指出，和理智訓練過多一樣，審美文化過多也應該受到批評；在審美文化方面，並非因為負擔過重，而是因為花費的時間過多 —— 在生活中占用了過高的地位。對大部分人來說，尤其是婦女，對一種形式的美或別的形式的美的追求是主要的追求。為了美的成就，得犧牲許多更加

重要的目標。雖然審美文化應該承認在倫理上是許可的，然而不應該強調對審美文化的要求，而有更大的理由批評審美文化過多。

官網

國家圖書館出版品預行編目資料

社會達爾文主義之父赫伯特‧史賓賽的「教育
論」：演化規律、社會平衡、自由主義、兒童權
利、科學局限，英國著名哲學家的教育思想 / [英]
赫伯特‧史賓賽（Herbert Spencer）著，孔謐
譯.-- 第一版.-- 臺北市：崧燁文化事業有限公
司, 2023.03
面；　公分
POD 版
譯自：Herbert Spencer on education
ISBN 978-626-357-142-6(平裝)
1.CST: 史賓賽 (Spencer, Herbert, 1820-1903.)
2.CST: 學術思想 3.CST: 教育哲學
520.11　112000576

社會達爾文主義之父赫伯特‧史賓賽的「教育
論」：演化規律、社會平衡、自由主義、兒童權
利、科學局限，英國著名哲學家的教育思想

臉書

作　　者：[英] 赫伯特‧史賓賽（Herbert Spencer）

翻　　譯：孔謐

發 行 人：黃振庭

出 版 者：崧燁文化事業有限公司

發 行 者：崧燁文化事業有限公司

E - m a i l：sonbookservice@gmail.com

粉 絲 頁：https://www.facebook.com/sonbookss/

網　　址：https://sonbook.net/

地　　址：台北市中正區重慶南路一段六十一號八樓 815 室

Rm. 815, 8F., No.61, Sec. 1, Chongqing S. Rd., Zhongzheng Dist., Taipei City 100, Taiwan

電　　話：(02)2370-3310　　　傳　　真：(02) 2388-1990

印　　刷：京峯彩色印刷有限公司（京峰數位）

律師顧問：廣華律師事務所 張珮琦律師

-版權聲明

定　　價：330 元

發行日期：2023 年 03 月第一版

◎本書以 POD 印製